中国旅游发展年度报告书系
Annual Development Report of China's Tourism

中国国内旅游发展年度报告 2022

ANNUAL REPORT OF CHINA DOMESTIC TOURISM DEVELOPMENT 2022

中国旅游研究院 著

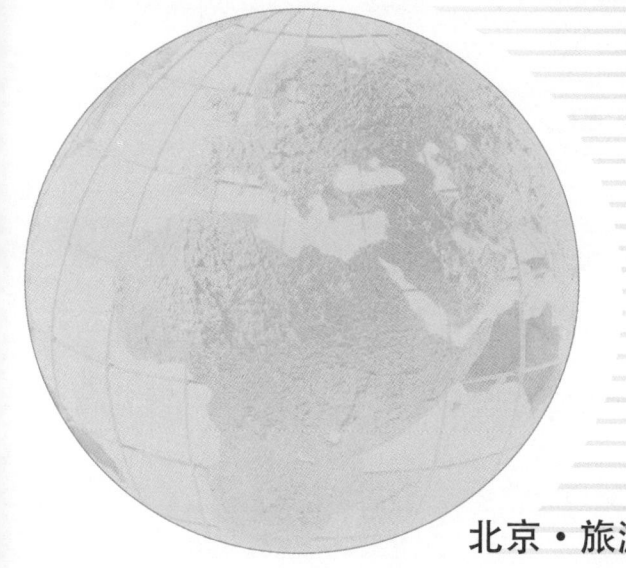

北京·旅游教育出版社

图书在版编目（CIP）数据

中国国内旅游发展年度报告. 2022 / 中国旅游研究院著. -- 北京：旅游教育出版社，2022.12
　ISBN 978-7-5637-4504-3

Ⅰ. ①中… Ⅱ. ①中… Ⅲ. ①国内旅游－旅游业发展－研究报告－中国－2022 Ⅳ. ①F592.3

中国版本图书馆CIP数据核字(2022)第229324号

中国国内旅游发展年度报告 2022
中国旅游研究院　著

责任编辑	巨瑛梅
出版单位	旅游教育出版社
地　　址	北京市朝阳区定福庄南里 1 号
邮　　编	100024
发行电话	（010）65778403　65728372　65767462（传真）
本社网址	www.tepcb.com
E-mail	tepfx@163.com
排版单位	北京旅教文化传播有限公司
印刷单位	北京中科印刷有限公司
经销单位	新华书店
开　　本	787 毫米 × 1092 毫米　1/16
印　　张	5.25
字　　数	72 千字
版　　次	2022 年 12 月第 1 版
印　　次	2022 年 12 月第 1 次印刷
定　　价	55.00 元

（图书如有装订差错请与发行部联系）

《中国国内旅游发展年度报告2022》
编委会

主　任　戴　斌
副主任　李仲广　唐晓云
编　委（按姓氏音序排序）
　　　　戴　斌　　何琼峰　　李仲广　　马仪亮　　宋子千
　　　　唐晓云　　吴丰林　　吴　普　　杨宏浩　　杨劲松

《中国国内旅游发展年度报告2022》
编写组

主　编
黄　璜　中国旅游研究院规划与休闲研究所副研究员、博士
编辑部成员（按姓氏音序排序）
边　蕊　郭　娜　黄　璜　李鹏鹏　李　雪
王志燕　吴丰林　于洪蕾

目录
CONTENTS

第一章　国内旅游发展基础和成就 ……………………………………… 1
 一、国内旅游复苏态势进一步延续 ………………………………… 2
 二、国内旅游迎来综合性政策支撑 ………………………………… 6

第二章　国内旅游发展现状和展望 ……………………………………… 11
 一、国内旅游发展总体特征 ………………………………………… 12
 二、国内旅游发展趋势展望 ………………………………………… 15

第三章　国内旅游客源市场特征 ………………………………………… 19
 一、国内旅游客源市场总体特征 …………………………………… 20
 二、国内旅游客源市场人口结构特征 ……………………………… 23
 三、国内旅游客源市场分省（自治区、直辖市）特征 …………… 37
 四、国内旅游客源市场促进政策和典型案例 ……………………… 39

第四章　国内旅游目的地市场特征 ……………………………………… 43
 一、国内旅游目的地市场总体特征 ………………………………… 44
 二、国内旅游目的地市场分区域特征 ……………………………… 46
 三、国内旅游目的地市场分省（自治区、直辖市）特征 ………… 50
 四、国内旅游目的地市场政策研究和典型案例 …………………… 55

第五章 国内旅游流动特征·····59
一、国内旅游客流总体特征·····60
二、国内旅游客流空间特征·····63
三、国内旅游客流发展趋势·····65
四、交通和旅游融合发展政策与典型案例·····68

第六章 国内节假日旅游特征·····71
一、国内节假日旅游发展特征·····72
二、国内节假日旅游发展趋势分析·····74
三、国内节假日旅游发展政策和典型案例·····76

第一章
国内旅游发展基础和成就

一、国内旅游复苏态势进一步延续

2021年我国国内旅游人数32.46亿人次，比2020年增加3.67亿，增长12.8%。国内旅游收入29 191亿元，比2020年增加0.69万亿元，增长31.0%。

总体来看，2021年国内旅游受局地多点散发疫情影响，导致必要出行之外的国内出游和旅游消费意愿收缩，特别是下半年国内旅游出现部分波动，导致国内旅游景气指数总体减弱，全年的国内旅游人数和国内旅游收入分别仅相当于2019年的54.0%和51.0%。但是，2021年的国内旅游经济总量与2020年相比仍有较大幅度增长，全年的国内旅游整体处于复苏进程之中。

（一）国内旅游客源市场持续扩大

2021年是党和国家历史上具有里程碑意义的一年。以习近平同志为核心的党中央团结带领全党全国各族人民，如期全面建成小康社会、实现第一个百年奋斗目标，开启全面建设社会主义现代化国家、向第二个百年奋斗目标进军的新征程。全年主要目标任务较好完成，"十四五"实现良好开局，我国发展又取得新的重大成就。

经济保持恢复发展，为国内旅游发展奠定坚实基础。2021年我国国内生产总值达到114万亿元，增长8.1%。全国财政收入突破20万亿元，增长10.7%。城镇新增就业1269万人，城镇调查失业率平均为5.1%。居民消费价格上涨0.9%。我国的国际收支基本平衡。

人民生活水平稳步提高，推动旅游客源市场持续扩大。2021年我国脱贫攻坚成果得到巩固和拓展，小康社会如期全面建成。居民人均可支配收入实际增长8.1%。城乡居民的基本养老、基本医疗、社会救助等保障力度加大。我国新开工改造城镇老旧小区5.6万个，惠及近千万家庭。

据统计，2021年我国居民人均可支配收入35 128元，比2020年增长9.1%（见图1-1）。其中，城镇居民人均可支配收入47 412元，比2020年增长8.2%；农村居民人均可支配收入18 931元，比2020年增长10.5%。城乡居民人均可支配收入比值为 2.50，比 2020 年缩小 0.06。随着居民收入不断增加、城乡居民收入差距持续缩小，我国居民的国内旅游潜在出游能力也将进一步增强。

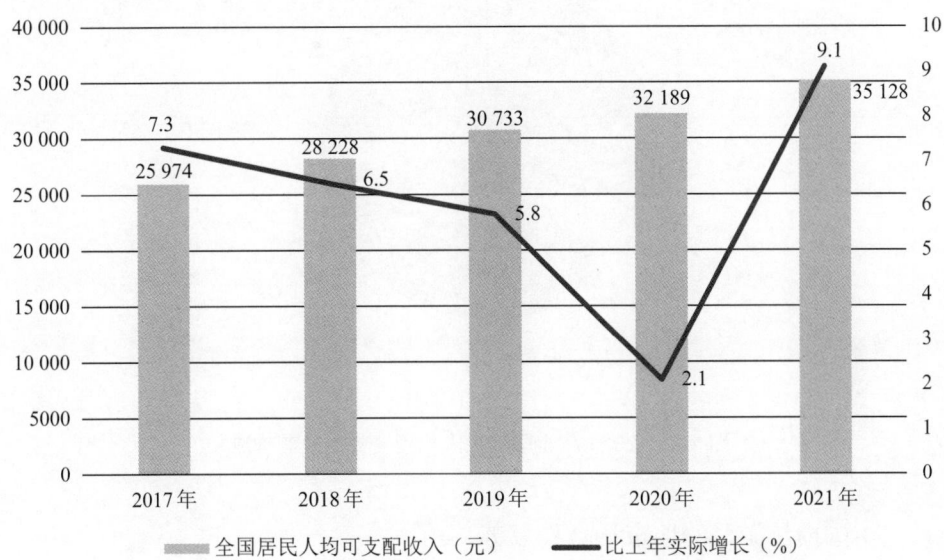

图 1-1　2017—2021 年全国居民人均可支配收入及其增长速度

2021 年，我国居民人均消费支出 24 100 元，比上年增长 13.6%。其中，城镇居民人均消费支出 30 307 元，增长 12.2%；农村居民人均消费支出 15 916 元，增长 16.1%。从消费结构来看，2021 年食品烟酒消费占比 29.8%，排在首位；居住消费占比 23.4%，排在第二位（见图 1-2）。2021 年与 2020 年相比结构进一步优化，与生活质量相关的服务支出进一步增加，医疗保健、教育文化娱乐、交通通信等类别的消费比重持续提高，而排在前两位的食品烟酒和居住消费比重有所降低。

2021 年，国内旅游客源市场呈现积极复苏态势，国内旅游需求具有强劲韧性和增长动力。2022 年总体来看，有可能保持国内旅游出游人数和国内旅游消费的持续稳健复苏。在疫情防控常态化背景下，国内旅游需求呈现出了新的特征。国内旅游的出游距离和游憩半径收窄的趋势仍将延续，本地游、近郊游等将成为引领国内旅游复苏的重要市场，户外开放式景区将成为疫情背景下新的旅游热点。

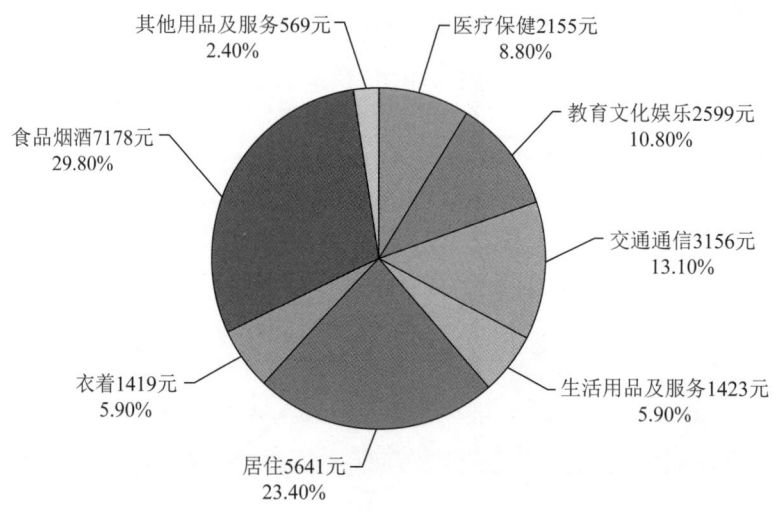

图 1-2　2021 年全国居民人均消费支出及其构成

（二）国内旅游目的地市场企稳复苏

2021 年是国家"十四五"规划开局之年，同时也是新冠疫情全面影响我国经济社会发展的第二年。我国坚持做好常态化疫情防控工作，强化宏观政策工具的调节作用，经济增长速度和各项宏观经济指标总体处于合理区间。

2021 年以来，在国民经济恢复发展的宏观背景下，旅游业也逐步恢复，旅游企业生产经营向好，旅游业投资保持恢复势头。由于新冠疫苗普及，虽然还存在局部地区疫情反弹的压力，但全国疫情整体上呈现出有效控制态势，国内旅游市场持续企稳复苏。

2021 年，我国国内旅游人数为 32.46 亿人次，比 2020 年增加 3.67 亿人次，增长 12.8%，已经恢复到 2019 年的 54.0% 的水平。其中，城镇居民国内旅游 23.42 亿人次，增长 13.4%；农村居民国内旅游 9.04 亿人次，增长 11.1%。2021 年城镇居民的国内旅游人数大约是农村居民的 2.6 倍。

2021 年，我国国内旅游收入约为 2.92 万亿元，比 2020 年增加 0.69 万亿元，增长 31.0%，已经恢复到 2019 年的 51.0% 的水平。其中，城镇居民国内旅游消费 2.36 万亿元，增长 31.6%；农村居民国内旅游消费 0.55 万亿元，增长 28.4%。2021 年我国国内旅游人均每次消费 899.28 元，比 2020 年增加 125.14 元，增长 16.2%。其中，城镇居民人均每次旅游消费 1009.57 元，增长 16.0%；农村居民人均每次旅游消费 613.56 元，增长 15.7%。2021 年城镇居民的国内旅游人均每次消费是农村居民的 1.65 倍。

2021年国内旅游目的地接待人数稳步恢复发展。从发展速度来看，2021年国内旅游目的地市场相比2020年呈现出企稳复苏的趋势。从现状规模来看，2021年东部地区的整体国内旅游接待人数和国内旅游收入要高于中西部地区。目前，东部地区的国内旅游目的地市场规模排首位，西部地区的国内旅游目的地市场规模紧随其后排第二，中部地区排第三，东北地区排第四。

首先，国内目的地的空间分布呈现大聚集、小分散态势。近程、短途、本地、周边游的热度上升，旅游目的地区域内循环特征明显；游客出行理性化分散了传统旅游目的地的饱和度，有助于旅游体验感提升。其次，旅游数字化进程加快，游客接受度提升。疫情常态化推动居民行为模式改变。行前预约、扫码刷脸等无纸化入园、电子导游等多种数字化场景正逐渐被大众认可，景区预约体验满意度较往年有所上升。再次，旅游类型趋于多元化。一方面，游客将视线转移至本地和城市周边，各地城市公园、影剧院、都市商圈等当代生活类旅游资源承接本地出游需求。另一方面，冰雪、红色、乡村、研学等专项旅游市场迎来市场新机遇，创新、个性化体验为游客假日出游增添新活力。最后，旅游目的地仍需探索挖掘二次消费。靠景区、景点的门票收入创造旅游收入红利的时代已经过去，引导游客在目的地进行二次消费成为主要探索点，扩充旅游体验和旅游配套设施的丰富度对目的地引流和创造二次消费具有极大的贡献。

（三）国内旅游客流结构优化升级

2021年，国内旅游客流发展全面升级。全域旅游可进入性进一步提高。随着我国公路、铁路、航空等交通线路的不断完善，国内旅游目的地的可进入性将进一步提高，广阔的"山水林田湖草沙"资源将成为重要的生态旅游空间，将促进我国全域旅游的快速发展。全国综合立体交通网络加快形成，特别是高速旅游交通基础设施覆盖范围持续扩大，将成为国内中远程旅游的重要支撑。

国内旅游客流随距离增加而衰减特征明显。省内旅游客流占国内旅游客流八成。2022年上半年国内旅游客流呈现出显著的本地化、近程化特征。近程的省内旅游客流占到了全部国内旅游客流的81.24%，而远程的省际旅游客流仅占18.76%。东部地区是最重要的远程国内旅游客源地和目的地，中部和西部地区在远程国内旅游方面与东部地区还有较大差距，东北地区的远程国内客流则较少。远程国内旅游表现出相邻省份间互为客源地和目的地的特征。

二、国内旅游迎来综合性政策支撑

（一）各部委组合政策营造国内旅游发展大部门格局

1. 文旅融合

2021年3月，文化和旅游部、国家发展改革委、财政部发布《关于推动公共文化服务高质量发展的意见》（以下简称《意见》）。《意见》中提到，推动公共文化服务高质量发展，是进一步深化文化体制改革，发展社会主义先进文化的重要任务，也是让人民享有更加充实、更为丰富、更高质量的精神文化生活，保障人民群众基本文化权益，满足对美好生活新期待的必然要求。《意见》的出台将推进国家文化公园等重大文化工程建设，促进文旅深度融合，推动文化旅游的快速发展。

2. 体旅融合

2021年2月，文化和旅游部、国家发展改革委、国家体育总局印发了《冰雪旅游发展行动计划（2021—2023年）》，提出了扩大冰雪旅游优质产品供给、深挖冰雪旅游消费潜力、推动冰雪旅游与相关行业融合、提升冰雪旅游公共服务、夯实冰雪旅游发展基础等重点工作任务，明确了2023年我国冰雪旅游形成较为合理的空间布局和较为均衡的产业结构、实现"带动三亿人参与冰雪运动"等目标。

3. 交旅融合

2021年1月，交通运输部办公厅、公安部办公厅、商务部办公厅、文化和旅游部办公厅、应急管理部办公厅、市场监管总局办公厅发布《关于进一步加强和改进旅游客运安全管理工作的指导意见》，其中包括从源头准入、事中事后监管、基层基础等环节补齐短板等内容。该意见有利于严格落实旅游客运相关企业安全生产主体责任和相关管理部门监管责任，加强源头治理、综合治理、精准治理，着力解决基础性、源头性、瓶颈性问题；有助于在旅游客运常态化疫情防控的基础上，全面提升旅游客运安全发展水平，推动旅游客运安全生产形势持续向好，大力推动国内旅游客运高质量发展。

4. 农旅融合

2021年5月，农业农村部办公厅、中国农业银行办公室发布的《关于加强金融支持乡村休闲旅游业发展的通知》提到，乡村休闲旅游业是农业功能拓展、乡村价值发掘、业态类型创新的新产业。"十四五"期间，中国农业银行将向中国美丽休闲乡村范围内各类经营主体提供人民币1000亿元意向性信用额度，优先保障中国美丽休闲乡村信贷需求。加强金融支持乡村休闲旅游业发展，有助于促进农村产业升级、乡村风貌提升、农民生活改善，是疫情背景下促进乡村振兴的重要政策。

2021年8月，交通运输部、公安部、财政部、自然资源部、农业农村部、文化和旅游部、国家乡村振兴局、国家邮政局、中华全国供销合作总社出台《关于推动农村客运高质量发展的指导意见》。其中提到，到2025年基本建成安全、便捷、舒适、经济的农村客运体系，农村交通出行条件显著改善，农村地区基本出行服务保障能力持续提升，城乡客运公共服务均等化水平明显提高，农村客运可持续发展机制基本建立。到2035年，基本建成普惠均等、便捷舒适、安全可靠、集约高效的农村客运体系，实现农村客运高质量发展。该指导意见的出台，将进一步完善乡村的公共交通体系，促进城乡旅游客源地和目的地的深度融合，构建城乡一体化的旅游目的地。

5. 智慧旅游

2021年7月，工业和信息化部、中央网络安全和信息化委员会办公室、国家发展和改革委员会、教育部、财政部、住房和城乡建设部、文化和旅游部、国家卫生健康委员会、国务院国有资产监督管理委员会、国家能源局发布《5G应用"扬帆"行动计划（2021—2023年）》。该计划提到，在社会民生领域，要打造一批5G+智慧教育、5G+智慧医疗、5G+文化旅游样板项目，推进5G+智慧城市建设水平进一步提升；每个重点行业打造100个以上5G应用标杆；促进5G和文旅装备、文保装备、冰雪装备的融合创新；推动景区、博物馆等发展线上数字化体验产品，培育云旅游、云直播、云展览、线上演播等新业态，鼓励定制、体验、智能、互动等文化和旅游消费新模式发展，打造沉浸式文化和旅游体验新场景。该计划将以5G在文旅场景的普及运用为突破口，促进"十四五"时期的智慧旅游发展。

6. 旅游金融

2021年4月，文化和旅游部、中国人民银行、中国银行保险监督管理委员会发布了《关于抓好金融政策落实进一步支持演出企业和旅行社等市场主体纾困发展的通知》（以下简称《通知》）。《通知》中提到，建立健全文化和旅游企业融资配套服务长效机制，支持各地文化金融服务中心发挥积极作用，鼓励有条件的地区设立文化和旅游企业纾困基金。《通知》将为旅游企业在疫情背景下的复苏贡献金融力量。

2021年4月,文化和旅游部、国家开发银行发布的《关于进一步加大开发性金融支持文化产业和旅游产业高质量发展的意见》中提到,充分发挥文化和旅游行政部门政策协调优势,更好发挥国家开发银行作为服务国家战略的中长期融资银行"融资融智"优势和引领带动作用。该意见有利于加大开发性金融对文化产业和旅游产业的支持力度,推动文化产业和旅游产业高质量发展。

(二)文化和旅游部全面推动国内旅游复苏发展

1. 国内旅游进入高质量发展期

2021年4月,文化和旅游部印发《"十四五"文化产业发展规划》,其中提到"十四五"时期我国文化产业仍处于大有可为的重要战略机遇期,要推动文化产业发展不断开创新局面、迈上新台阶。

2021年4月,文化和旅游部印发《"十四五"文化和旅游科技创新规划》,其中提到"十四五"时期,新发展格局为文化和旅游科技创新提供了广阔的空间和场景。文化和旅游科技创新的核心作用将更加突出,科技全面融入文化和旅游生产和消费各环节,全面赋能内容生产创新、产品和业态创新、商业模式创新、治理方式创新等各领域。

2021年5月,文化和旅游部印发《"十四五"非物质文化遗产保护规划》,其中提到要进一步加强非遗系统性保护,健全非遗保护传承体系,提高非遗保护传承水平,加大非遗传播普及力度,推动非遗保护事业取得更大进步。

2021年6月,文化和旅游部印发《"十四五"公共文化服务体系建设规划》,其中提到"十四五"末,公共文化服务体系将布局更加均衡、服务水平显著提高、供给方式更加多元、公共文化数字化网络化智能化发展取得新突破。

2. 国内旅游重大项目加速发展

2021年2月,文化和旅游部办公厅在《关于进一步用好地方政府专项债券推进文化和旅游领域重大项目建设的通知》中提到,进一步在文化和旅游领域用好地方政府专项债券,加快推进文化和旅游领域重大项目落地实施,扩大有效投资,推动行业高质量发展。

2021年12月,文化和旅游部发布《文化和旅游部关于推动国家级文化产业园区高质量发展的意见》。意见中提到,要培育一批具有发展潜力的国家级文化产业示范园区创建单位,促进区域资源要素配置更加合理、产业结构进一步优化升级，成为推动各地文化产业高质量发展的重要载体。

3. 国内旅游新业态标准化发展

2021年3月，有关部门对旅游行业标准《旅游民宿基本要求与评价》中的部分条款进行了修订，新增民宿"提供餐饮服务时应制定并严格执行制止餐饮浪费行为的相应措施"条款，并将旅游民宿等级由三星级、四星级、五星级更改为丙级、乙级、甲级。

2021年4月，文化和旅游部办公厅、国家发展改革委办公厅发布《关于开展旅游休闲街区有关工作的通知》。通知要求，为贯彻党的十九届五中全会精神，落实《中华人民共和国国民经济和社会发展第十四个五年规划和2035年远景目标纲要》有关任务要求，打造一批文化特色鲜明的国家级旅游休闲街区。在国家促进文化与旅游消费政策的推动下，我国休闲旅游市场持续升温，大中城市及周边郊区休闲游正在成为文旅产品中的新宠。

4. 国内旅游营商环境持续优化

2021年5月，《文化和旅游部关于加强旅游服务质量监管提升旅游服务质量的指导意见》提到，落实旅游服务质量主体责任、培育优质旅游服务品牌、夯实旅游服务质量基础、加强旅游人才队伍建设、加快推进旅游信用体系建设、加强行业旅游服务质量监管是旅游业现代治理体系和治理能力建设的重要内容，是促进旅游消费升级、满足人民群众多层次旅游消费需求的有效举措，是推动旅游业高质量发展的重要抓手。

2021年11月，文化和旅游部发布《文化和旅游市场信用管理规定》。规定规范和加强了文化和旅游市场信用管理，保护各类市场主体、从业人员和消费者合法权益，维护文化和旅游市场秩序，促进文化和旅游市场高质量发展。

5. 国内旅游文明程度稳步提升

2021年3月，文化和旅游部办公厅《关于做好2021年文明旅游工作的通知》中提到，大力开展制止餐饮浪费和做好疫情防控宣传教育，强化文明旅游宣传引导、主题实践和示范引领，大力倡导爱护环境、保护生态、绿色出游、餐桌文明，推动形成适应新时代要求的文明、健康、绿色旅游新风尚，为促进文化和旅游业高质量发展和建设社会文明提升工程夯实基础。

2021年4月，文化和旅游部、中央文明办印发《2021年文化和旅游志愿服务工作方案》的通知。发挥志愿服务在弘扬革命精神、促进民族团结、推进乡村振兴、助力经济复苏、建设新时代文明实践中心、推动公共文化设施学雷锋活动和景区文明旅游等方面的作用，促进文化和旅游志愿服务常态化。

6. 国内旅游企业纾困深入推进

2021年9月，文化和旅游部办公厅发布《文化和旅游部办公厅关于进一步加强政策宣传落实支持文化和旅游企业发展的通知》。通知中提到，扎实做好"六稳"工作、全面落实"六保"任务，着力打通政策落实"最后一公里"，切实发挥纾困惠企政策的积极作用，支持文化和旅游企业有效应对新冠肺炎疫情持续影响。

2021年10月，文化和旅游部办公厅发布《文化和旅游部办公厅关于从严从紧抓好文化和旅游行业疫情防控工作的紧急通知》。通知中提到，要从严从紧落实旅行社、A级旅游景区、星级饭店、文化和娱乐场所疫情防控要求，做好疫情防控监督检查。

第二章
国内旅游发展现状和展望

一、国内旅游发展总体特征

2022 年元旦以后，国内旅游受政府纾困政策和春节假日旅游消费活跃影响，旅游产业经济发展状况与 2021 年底相比有所回暖。但是，春节之后全国多地疫情暴发，尤其是北京、上海等主要国内旅游客源地疫情防控政策收紧并延续数月，导致 2022 年上半年国内旅游经济发展情况远低于预期。随着年中疫情逐步好转，各地自 6 月开始陆续恢复跨省旅游业务，加上精准到县的跨省游熔断机制等利好政策，暑期前半段跨省远程游复苏明显，都市休闲、周边游和近程游市场热度明显上升。2022 年 7 月底以来，西安、三亚等主要国内旅游目的地和大多数省份出现疫情反复，暑期旅游受疫情严重拖累，国内旅游出现较大程度跌幅。根据中国旅游研究院旅游经济运行课题组研究，2022 年前三季度的旅游经济运行综合指数（CTA-TEP）分别为 95.6、97.8、85.6，环比分别下降 3.3、上升 2.2、下降 12.2，继续处于景气荣枯线（100）之下。

（一）国内旅游经济运行分析

根据国内旅游抽样调查统计结果，2022 年前三季度，国内旅游人数约 20.94 亿人次，比 2021 年同期减少 5.95 亿，同比下降 22.1%。其中，城镇居民国内旅游人数 15.99 亿人次，同比下降 17.3%；农村居民国内旅游人数 4.94 亿人次，同比下降 34.6%。分季度来看，2022 年一季度国内旅游人数 8.30 亿人次，同比下降 19.0%；二季度国内旅游人数 6.25 亿人次，同比下降 26.2%；三季度国内旅游人数 6.39 亿人次，同比下降 21.9%。

2022 年前三季度，国内旅游收入（国内旅游总消费）1.72 万亿元，比 2021 年同期减少 0.65 万亿元，同比下降 27.2%。其中，城镇居民国内旅游消费 1.42 万亿元，同比下降 25.8%；农村居民国内旅游消费 0.30 万亿元，同比下降 33.5%。

由于国内旅游需求收缩、产业供给冲击、经济预期转弱等三重制约因素未得到彻底扭转，叠加美联储加息、俄乌战争等国际外部因素影响，综合考虑第四季度是国内旅游的传统淡季，2022年国内旅游形势可能成为新冠疫情以来最低点。

（二）国内旅游产业特征分析

1. 新冠疫情加速传统业态创新进程

新冠疫情加速了主客共享美好生活新空间的建设和数字化消费新场景的培育。经过近三年的等待和观望，传统旅行业者开始主动创新以适应旅游市场的革命性变化，展现出逆势中的市场韧性。春秋旅行社继"建筑可阅读、城市微旅游"之后，以全国范围的"春野秋梦"项目布局蓬勃发展的露营休闲市场；广之旅推出"欢乐亲子游，南沙、增城2天"的周边游产品；花园酒店全力打造首个酒店专业博物馆，讲述酒店故事、广州故事和中国故事，成为吸引游客到访的旅游文化新地标；华侨城集团拓展业务边界，为政府提供公共服务设施建设及运营全流程专业服务，间接获取优势资源；各地民宿通过文创开发、露营体验、美食推广等方式创新自救，宁夏以"黄河宿集""星星酒店"培育"星星故乡"网红品牌；首旅如家旗下万信至格酒店打造契合本地文化的亲子体验空间，让家庭度假回归亲子时光。

2. 数字经济赋能传统文旅产业发展

数字化赋能驱动旅游观光拓展到教育、培训、游戏、社交、艺术等多场景，尤其是联动商业、教育、文娱等高频消费业态，价值维度更多元。通过叠加"她经济""潮经济""养生经济"等一批新潮经济业态，国风打卡、剧本杀、电竞旅游、数字藏品、虚拟旅游等新势力入场，创新融合新产品。例如，亚洲数字集团与远洲旅业合作建设中国首家元宇宙虚拟酒店，游戏王者荣耀助力丝路数字文旅等。露营经济、后汽车产业、科技+旅游、公共文化和休闲服务领域、乡村旅游等领域都在酝酿着若干现象级旅游创业创新项目，如国际酒店集团面向下沉市场推出的轻奢品牌、方特主题公园面向三四线城市的错位竞争战略、日光山谷打造集观光、休闲、文化于一身的露营产品等。

3. 国潮文创彰显文化自觉自信自强

旅游投资机构和市场主体紧扣需求的个性化、多样化，在消费场景、商业内容、运营模式等方面求新求变。随着新中产、新圈层、新青年等消费客群不断崛起，加之抖音、小红书、B站等新媒体在旅游传播矩阵中的重要性日渐凸显，体验消费、品牌消费、社交消费成为旅游新需求。高品质生活方式引领的消费升级也在推动旅游创新。亲近自然的户外玩法层出不穷，精致露营、乡村民宿成为新的消费潮流。文化活化和旅游场景融合所呈现的"国潮"沉浸式体验，通过参与话题、录制短视频的形式，吸引和培育着年轻一代消费群体来参与线下打卡和线上文化传播，有效推动了中华优秀传统文化创造性转化、创新性发展。

（三）国内旅游需求特征分析

1. 旅游消费链条前延、中升、后展

疫情让旅游市场呈现更加明显的散客、自驾、自助的趋势，旅游消费链条较疫情前发生了明显的变化。游客行前的信息获取、旅行决策、票务预订和装备装置购置，到达目的地的移动轨迹和消费结构，以及游后的点评、分享和复购等环节都发生了很多变化。其中，户外服饰、户外装备、便携娱乐设备等行前消费都有明显增加。

中国旅游研究院（文化和旅游部数据中心）专项调查显示，88.7%的受访者进行了行前消费，其中户外服饰（43.9%）、帐篷等旅游装备（43.5%）、桌游等娱乐产品（33.1%）成为行前消费的主要内容。2022年1~4月，天猫淘宝露营野炊装备累计成交额31.8亿元，环比翻番，探路者、牧高笛旗下户外产品等品牌同比2021年分别增长62%和90%。在旅行过程中，游客更追求安全和品质化。27.8%的游客和居民出行安全费用支出增加、18.8%的受访者愿意为安全性更好的旅游产品付费，以亲子研学、自驾旅游、文化体验为代表的专项市场安全和品质的提升引领市场整体升级。游后时间延展，游客通过拍照、打卡等方式在微信、抖音等社群传播和交互，为旅游企业和行业带来更多的客户资产。

2. 体育、避暑、亲子、夜间等市场活跃

2022年以来，冬奥带动京张体育文化旅游带户外运动活跃，滑雪、露营、登山、自驾、徒步、骑马、跳伞、滑草、漂流等成为人们亲近大自然的新兴玩法，"最美冬奥城"延庆以"冬奥+"推动旅游高质量绿色发展。2022年7~8月，延庆奥林匹克园区周末单日入园人数突破3000人，客房预订率接近100%，中秋小长假全区旅游人数和旅游收入同比分别增长73%和87%。夏季多地爆发高温，纬度较高的东北、西北和内蒙古地区，以及云南、贵州等中高海拔地区的避暑长线游热度增加，山东半岛海洋度假旅游受到欢迎。滨水休闲、生态康养、乡村田园、都市休闲、避暑等气候型旅游受到欢迎，北京水立方水乐园、广州长隆水上乐园、三亚亚特兰蒂斯水世界、青岛海昌极地海底世界等暑期热度较高。夜间旅游凭借灯光、音乐、布景等环境渲染手法，为游客提供了多维度、多元化沉浸式体验，成为避暑旅游的主要消费场景。受出行距离和出行成本降低、景区门票减免、优惠券发放等政策因素影响，城乡居民对出游价格更趋敏感、旅游支出更为谨慎，全国旅游人均花费水平与2021年同期相比有所下降。环球影城、欢乐谷等代表性主题乐园和景区的二次消费均有明显下降，"游客回来了，但游客的消费似乎恢复得没有那么快"。

二、国内旅游发展趋势展望

2022年是新冠疫情的第三年，新冠疫情对行业的冲击仍在持续，宏观经济的需求收缩、供给冲击、预期转弱在旅游业表现得更为明显，旅游业资金、就业等系统性风险仍在累积。消费者出行态度处于犹豫、观望、瞻前顾后，企业对阶段性多点散发疫情导致的疫情管控政策无可奈何甚至"躺平"、弃船上岸，必要出行之外的旅游消费意愿和企业家信心同步收缩。综合考虑宏观经济、疫情影响和市场因素，预计2022年国内旅游市场不容乐观。据中国旅游研究院预测，预计2022年第四季度国内旅游人数和旅游收入将比2021年同期上升10.0%和5.0%。预计2022年全年国内旅游人数和旅游收入分别为27.79亿人次和2.35万亿元，相比2021年分别下降14.4%和18.9%，分别恢复至2019年的46.3%、41.1%。

在此背景下，要抓好国内旅游的疫情防控，更要抓好旅游企业的复工复业，把稳预期、扩需求、增投资、促增长放在更加重要的位置上。以更大的调控力度、更精准的施策、更有效的组合，确保国内旅游的刚性出行需求不减、弹性旅游需求增长，进一步扩大投资、转化动能，有效增强旅游业界的信心。

（一）政府公共投资发力推动旅游存量资产盘活增效

随着财政政策的持续发力和政府对地方转移支付规模的扩大，各地政府将在建设世界级旅游景区和度假区、国家级旅游休闲城市和街区、发展红色旅游和乡村旅游、国家公园、国家文化公园等方面增加基础设施投资，特别是交通、基建、景区、街区等方面的公共投资，将对旅游业发展形成长期利好支撑。考虑到旅游经济运行受疫情防控政策的影响更加敏感，相对于投资和供给侧，市场主体更加关注消费需求和旅游市场的变化。未来重点关注休闲度假市场、城市中产阶层短程旅游、下沉市场消费升级需求，包括休闲农业和乡村旅游、微旅游、轻度假、城市更新、消费融合、虚拟旅游和沉浸式旅游等领域。

（二）各级党委政府推进旅游业复苏振兴和高质量发展

党的十八大以来，人民对美好生活的向往就是我们的奋斗目标已经深入人心。加之党的十九届四中、五中、六中全会，以及《文化和旅游业"十四五"规划》等重要文件的密集出台，为投资拉动和创新驱动的旅游经济增长注入强大动能。围绕世界级旅游城市、旅游产业化、国际生态旅游目的地建设、京张体育文化旅游带等批示指示，各级党委和政府都在围绕政策和制度创新制定规划和行动计划、明确重点领域、分解指标任务等，与高标准市场体系相融合的治理体系正在不断完善。

（三）本地休闲和近程度假等弹性需求将进一步释放

中国旅游研究院出游意愿专项调查数据显示：2022年第一季度居民旅游意愿为85.32%，同比增长3.15%。这意味着旅游需求的基本面还在，并稳步恢复至疫前水平。受流动性管控政策影响，近程与本地游需求进一步增长。从搜索量、预订量、关注度等先行指标来看，高品质的微旅行、宅度假和文化消费需求将得到进一步释放，高频低价仍是主流需求。近程、散客、休闲、体验成为主体，研学、自驾、旅游专列、宿营等产品需求旺盛。

（四）旅游产业的变革和创新意识进一步彰显

中旅集团、首旅集团、华侨城集团等国有旅游集团作为承载国家和区域发展战略重要旅游资源整合平台，主动作为，积极变革，成为疫后复苏发展的中坚力量。携程、春秋、开元、美团等社会资本和民营资本为主体的旅游企业，深耕国内市场，针对游客个性化、碎片化的需求，挖掘周边旅游资源，及时切入短途游、定制游，成为旅游市场的新亮点。冬奥会的举办推动冰雪旅游成为冬季旅游的新潮流。数字化、智慧化、冰雪等相关领域融资增长显著，随着"双减"政策的实施，包含绍兴发布的研学旅行十大线路等研学旅行项目将得到更多关注。

（五）精准疫情防控政策释放国内旅游出游潜力

充分研究、及时制定更加精准的常态化疫情防控措施和应急预案机制，在保障旅游安全的基础上实现防控措施从急刹车向点刹车的转变。要加强需求侧管理，深化供给侧结构性改革，全面保障本地、近程、散客、自驾等需求品质，加快释放观光、休闲和度假等弹性需求，推动企业纾困政策延长实施期限，优化文化和旅游产品创新与服务升级的政策环境和科技支撑。

（六）定制化产品满足大众旅游多元化需求

推动重点文化场馆及场所延长夜间开放时间、线上线下同步开放等，加快文化企业等市场主体更多开放和品质提升。在旅游度假区、休闲街区等建设中，针对不同群体、不同层次需求，推出更多定制化旅游产品、旅游线路，开发体验性、互动性强的旅游项目，围绕红色旅游等重点业态创新消费场景、消费模式，集中精力满足大众旅游特色化、多层次需求。

（七）加大乡村惠民政策力度，促进城乡旅游均等化

以农村居民广泛参与为出发点，进一步发挥美育教育等文艺优势，加快完善乡村公共文化服务体系，把文化关爱送到百姓心坎上。在稳定现有政策的前提下，加大乡村旅游规划、资金、项目、人才等方面的支持力度，把旅游惠民落实到百姓生活实处。以欠发达地区和脱贫乡村为重点，加大农村居民出游的高度关注、合理保障和优惠倾斜。

第三章
国内旅游客源市场特征

一、国内旅游客源市场总体特征

（一）国内旅游客源市场呈现积极复苏态势

2021年，随着国内疫情形势的好转，旅游市场呈现积极复苏态势。尽管国内局部地区仍有小规模疫情出现，但全国整体防疫形势稳固，疫情防控常态化已融入居民日常生活中，对旅游行业的强烈负面影响也逐步削弱。

根据文化和旅游部与国家统计局社情民意调查中心发布的2021年中国国内旅游抽样调查综合分析报告。2021年国内旅游者出游32.46亿人次，比2020年增长12.8%。其中，城镇旅游者国内出游23.42亿人次，占比72.15%，比2020年增长13.4%；农村旅游者国内出游9.04亿人次，占比27.85%，比2020年增长11.1%（见图3-1）。

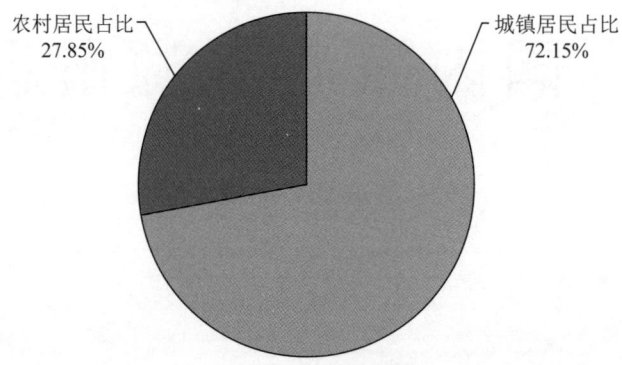

图3-1 2021年国内旅游人数城镇和农村居民占比

2021年我国居民国内旅游总消费29 191亿元，增长31.0%。其中，城镇居民国内旅游消费23 644亿元，占比81.0%，比2020年增长31.6%；农村居民游客消费5547亿元，占比19.0%，比2020年增长28.4%（见图3-2）。

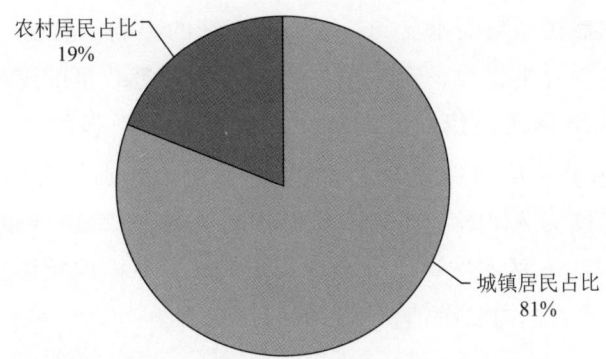

图 3-2　2021 年国内旅游消费城镇和农村居民占比

（二）国内旅游需求具有强劲韧性和增长动力

从近年的国内旅游发展趋势来看，国内旅游市场需求长期保持着强劲的增长态势（见图 3-3）。在 2011—2019 年间，国内旅游出游人数从 2011 年的 26.41 亿人次增长到了 2019 年的 60.06 亿人次，8 年间增长了 1.27 倍。国内旅游总消费从 2011 年的 1.93 万亿元增长到了 2019 年的 5.73 万亿元，8 年间增长了 1.97 倍。

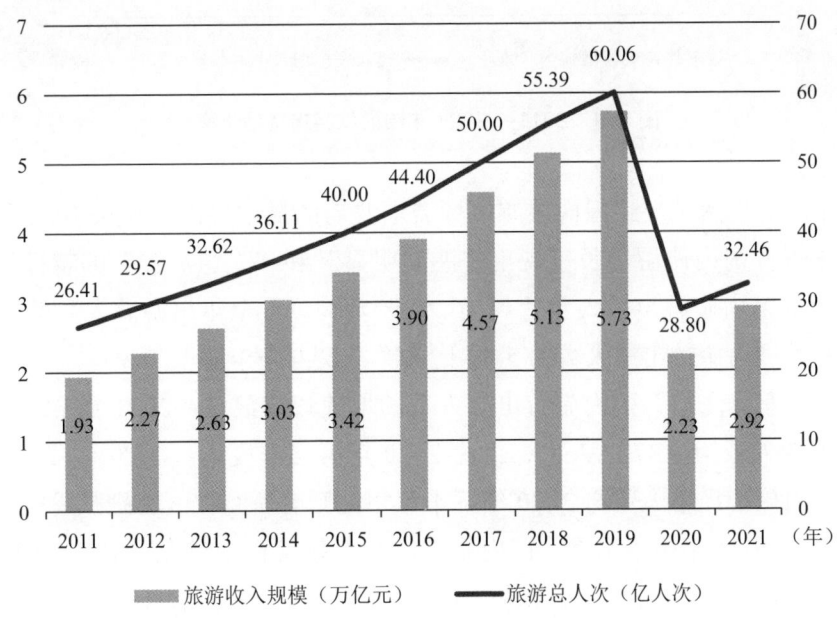

图 3-3　2011—2021 年国内旅游接待量和收入规模的变化

2020年国内旅游市场需求受到新冠肺炎疫情的影响，出现了大幅度的下跌，但是在疫情形势相对平稳后，在一系列国内旅游促进政策的支撑下，国内旅游市场需求又呈现出迅速企稳回升的趋势，呈现出了极强的韧性（见图3-4）。2021年，国内旅游总消费从2020年的2.23万亿元迅速回升到2021年的2.92万亿元，上升幅度为31.0%。而国内旅游出游人数从2020年的28.8亿人次回升到2021年的32.46亿人次，上升幅度为12.8%。在国内旅游出游规模迅速恢复的同时，还伴随着国内旅游消费质量的总体提升。

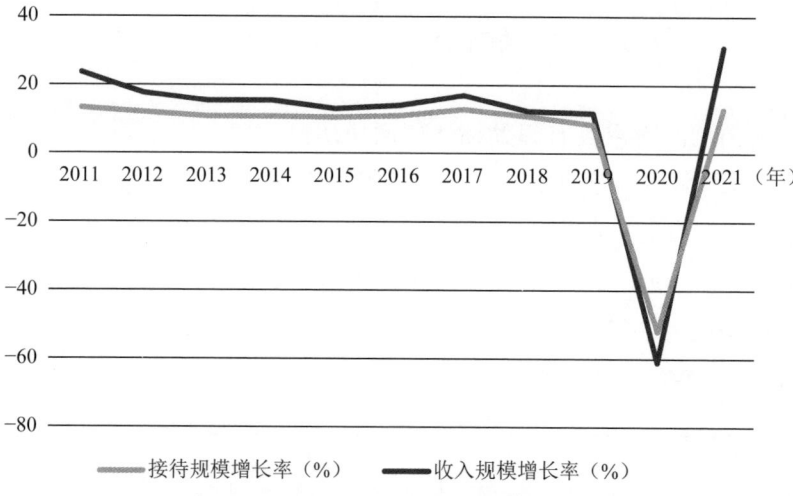

图3-4 2011—2021年国内旅游市场增长率

新冠疫情仍然是导致国内旅游市场需求波动的最主要因素。从2021年的四个季度来看，国内旅游增长呈现出"波动明显"和"先急后缓"的特征。2021年第一季度国内旅游出游人数达到10.24亿人次，占全年出游总人数的31.5%；而第四季度国内旅游出游人数为5.57亿人次，仅占全年的17.2%。

在第一季度之后，国内旅游出游人数的增速逐步放缓。2021年第二季度国内旅游出游人数为8.47亿人次，仅比2020年第二季度增长33.0%。2021年下半年的国内旅游出游人数与2020年下半年相比则有所减少。特别是受疫情影响较为严重的2021年第四季度，国内旅游出游人数仅有5.57亿人次，与2020年第四季度相比减少了41%（见图3-5）。

第三章 国内旅游客源市场特征
Chapter 3 Characteristics of Domestic Tourism Source Markets

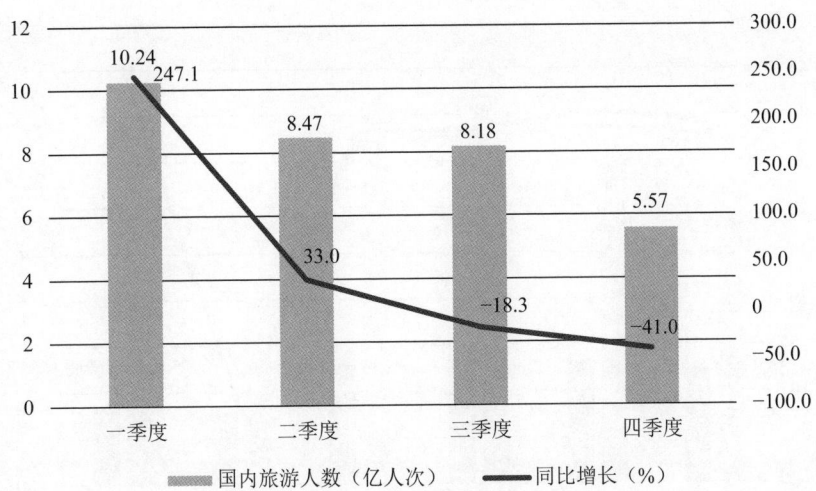

图 3–5 2021 年分季度国内旅游人数及增长率

（三）国内旅游需紧抓复苏新形势和新契机

2022 年，《"十四五"旅游业发展规划》落地实施，加上新一轮的文化和旅游纾困扶持政策的贯彻落实和地方创新，将从政策托举和供给拉动两个方面为全年的国内旅游发展带来可以预期的增长空间。随着财政政策、金融政策和产业纾困扶持措施的综合发力，中央和地方对基础设施、公共服务和科技创新的持续投入，国内旅游发展的基础更加坚实，进而为旅游经济运行注入更多的市场信心。

2022 年总体来看，有望实现国内旅游出游人数和国内旅游消费的持续稳健复苏，但疫情防控常态化背景下，国内旅游需求又呈现出了新的特征。国内旅游的出游距离和游憩半径收窄的趋势仍将延续，本地游、近郊游等将成为引领国内旅游复苏的重要市场，户外开放式景区将成为疫情背景下新的旅游热点。

二、国内旅游客源市场人口结构特征

（一）国内旅游客源市场呈现城乡二元结构

如图 3–6 所示，2021 年的国内旅游出游人数中，城镇居民出游人数达到了 23.42 亿人次，农村居民出游人数达到了 9.04 亿人次，城镇居民占据了国内旅游出游人数的 72.15%。

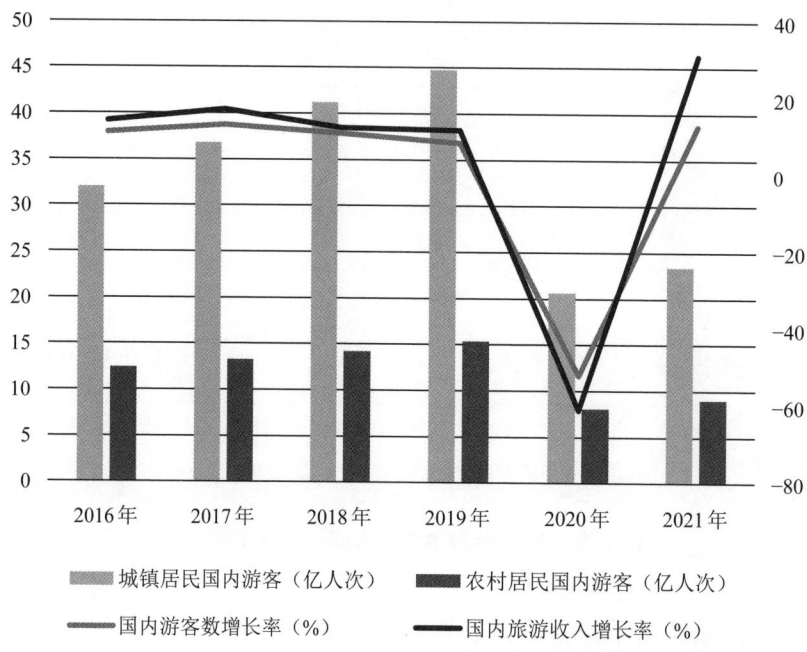

图 3-6　2016—2021 年城乡居民国内旅游人数总量和增长率

在 2016—2021 年间，城镇居民的国内旅游出游人数都显著高于农村居民，这是多重经济社会因素共同作用的结果。首先，城镇居民的国内旅游出游率远高于农村居民，2021 年城镇居民的国内旅游出游率为 303.76%，农村居民的国内旅游出游率仅为 149.97%。其次，我国的城镇化率一直在提升，城镇人口比重从 2016 年的 57.4% 上升到 2021 年的 64.7%，城镇居民占了我国总人口的大多数。在城镇居民国内旅游出游率持续提升和城镇化稳步推进的背景下，预计我国城镇旅游者占据国内旅游客源市场主体的特征还将长期持续下去。

2020 年由于受新冠肺炎疫情的影响，城镇和农村国内旅游人数都出现了大幅度下降，到 2021 年国内旅游人数又有一定程度的回升。总体而言，由于城镇地区人口密度更大、新冠肺炎疫情多发、防控政策更严等，新冠肺炎疫情对于城镇居民出游的影响更大。因此，2020 年以来农村居民占国内旅游出游人数的比重与 2019 年相比有一定程度上升，从 2019 年的 25.56% 增加到了 2021 年的 27.85%（见图 3-7）。

第三章 国内旅游客源市场特征
Chapter 3 Characteristics of Domestic Tourism Source Markets

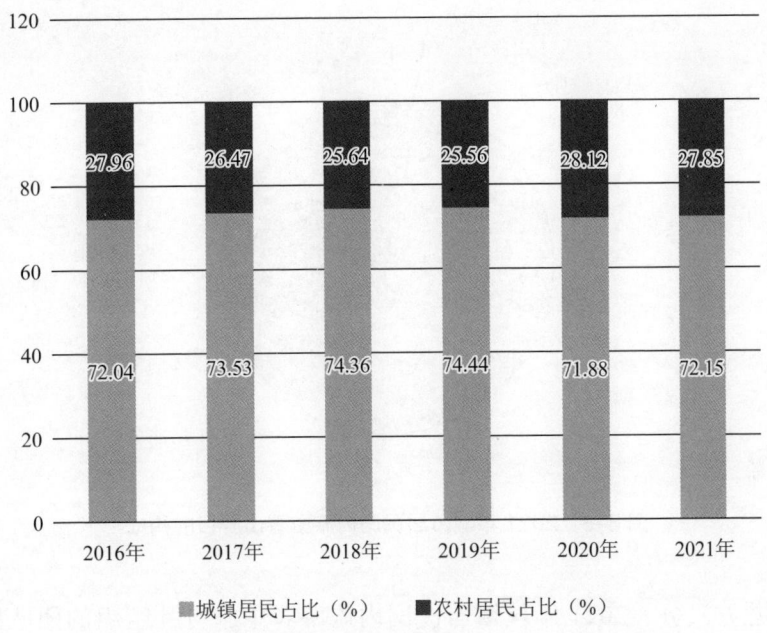

图 3-7 2016—2021年城乡居民国内旅游人数占比

从出游时间分布上来看，城镇居民的国内旅游出游受到节假日、寒暑假、带薪年休假等可利用休闲时间分布上的限制，所以表现出集中出游的特征，春节黄金周、暑期、国庆黄金周等是出游较为集中的时段。农村居民的出游活动主要受农闲时间分布的影响，总体来看农村居民国内出游更为灵活，在公共节假日等集中出游时间以外，农村居民是重要的旅游群体，可与城镇居民形成错峰出游的互补格局。

（二）城镇和农村旅游者具有差异化行为特征

1. 城镇居民国内旅游行为特征

2021年，我国城镇居民国内旅游的目的分组中，以探亲访友为主要目的的占44.3%，其次是观光游览占19.5%，再次是度假休闲占16.2%，出差/开会/商务、文娱体育健身、养生保健疗养以及其他旅游目的的游客比例分别为14%、2.8%、1.0%、2.3%。可以看出，探亲访友是我国城镇居民国内旅游的首要出游目的（见图3-8）。与2020年纵向对比，2021年以观光游览、度假休闲为主要目的的城镇国内旅游者比重分别增长了1.5%和0.7%，呈现出结构优化升级的趋势。

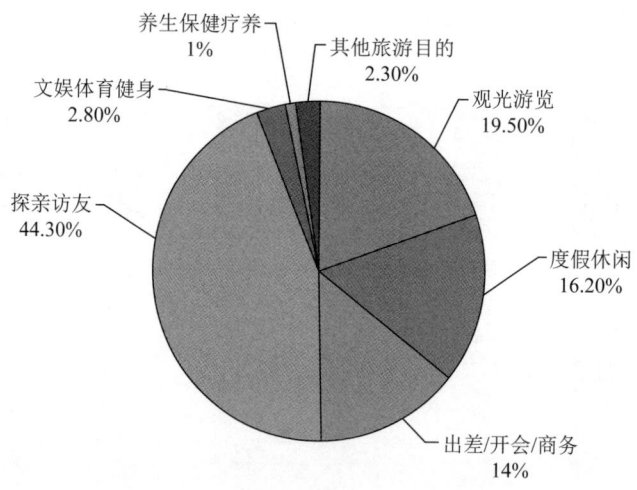

图 3-8　2021 年城镇居民国内旅游者出游目的构成

按旅游方式分，2021 年城镇居民国内旅游者中旅行社组织的团队游客仅占 2%，而自由出行的散客占到了 98%（见图 3-9）。这说明在城镇居民消费观念和旅游方式持续发生改变的背景下，旅游者越来越倾向于自由出行，而不是跟团旅游，国内旅游的散客化趋势进一步深化。

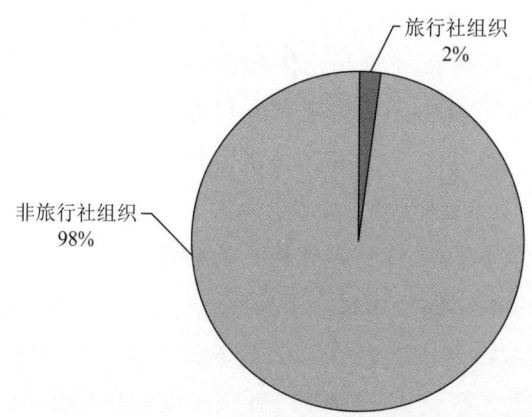

图 3-9　2021 年城镇居民国内旅游者旅游方式构成

从旅游消费来看，2021 年我国城镇居民国内旅游每次出游人均花费约 1009.6 元，与 2020 年相比增长 16.0%。按旅游目的进一步细分并排序，商务出差游客人均花费最高（1695.4 元），度假休闲游客人均花费 1052.9 元，观光游览游客人均花费998.1元，养生保健疗养游客人均花费837.2元，探亲访友游客人均花费813.3元，文娱体育健身游客人均花费612.8元，其他旅游目的人均花费550.9元（见图3-10）。以养生保健疗养、文娱体育健身为目的的城镇居民国内旅游者人均花费较少，显著低于度假休闲和观光游览旅游者，说明我国旅游者在门票、交通、住宿、餐饮等传统旅游要素以外的旅游新产品、新业态领域消费较少，国内旅游的产业体系和价值创造能力还需要进一步发展升级。

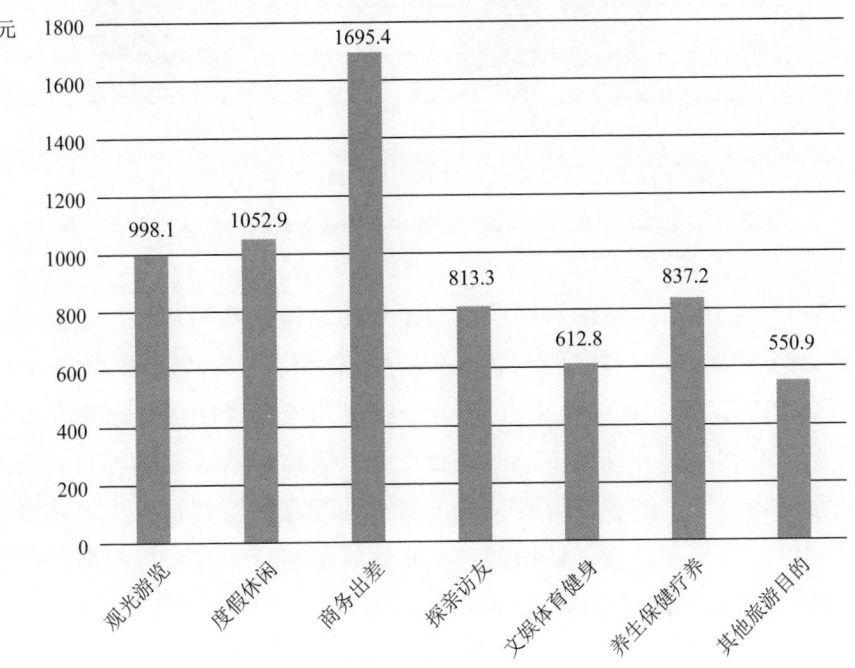

图3-10　2021年城镇居民国内旅游者按出游目的划分的人均每次花费

按旅游方式分，2021年旅行社组织的城镇居民国内旅游者人均花费1427.2元，而非旅行社组织的城镇居民国内旅游者人均花费870.8元（见图3-11）。旅行社组织的国内旅游者人均花费与2020年相比增长较快，而非旅行社组织的国内旅游者人均花费也有小幅增长。在新冠疫情背景下，旅行社组织的国内旅游从行程内容和服务品质来看都有了较大程度的提升。非旅行社组织的国内旅游多采取自驾游、自助游、散客游等形式，出游时间以一日游为主，其产品内容保持相对稳定。

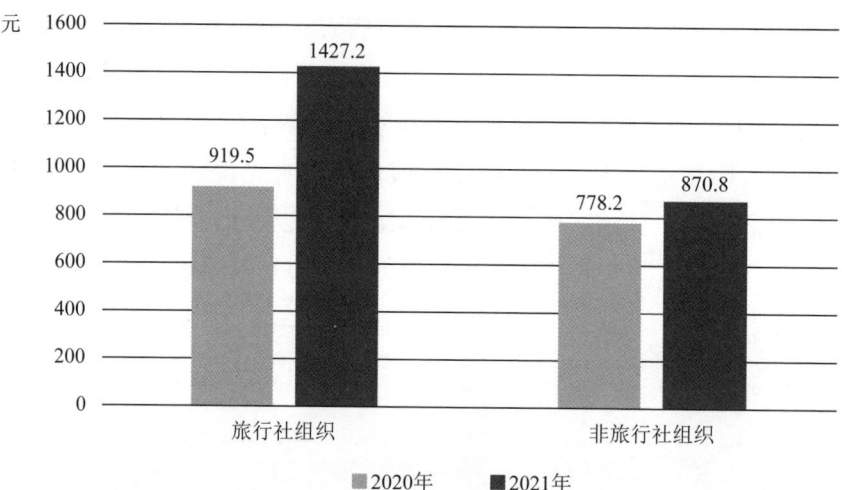

图 3-11　2021 年城镇居民国内旅游者按旅游方式划分的人均每次花费

图 3-12 为 2021 年城镇居民散客旅游者的出游花费构成情况。其中，交通费占比最高（39.9%），住宿费占 13.9%，餐饮费占 23.5%，购物费占 15.7%，景区游览费占 2.4%，其他费用占 4.6%。在这几项花费中，交通费和餐饮费两项就占据了总体旅游花费的 63.4%，而住宿、购物、景区游览等费用的占比则较低。我国城镇居民散客旅游者呈现出显著的观光旅游特征，出游花费主要集中在必要的旅游要素领域，休闲型、享受性旅游消费较少，旅游新产品新业态消费不足。

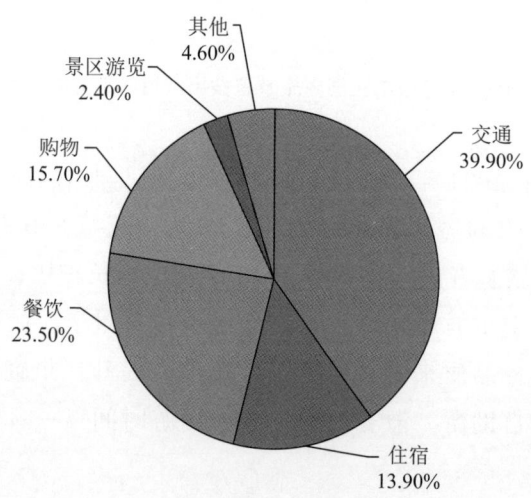

图 3-12　2021 年城镇居民散客旅游者出游花费构成

2021年城镇过夜国内旅游者的停留天数在1~3天区间的居多，占比达到63.3%，停留时间4~7天的占比为25.5%，停留时间8~14天的占比为6%，而停留时间超过14天的仅占5.2%（见图3-13）。由此可见，城镇过夜国内旅游者以短期旅游为主，出游半径集中在本地和周边地区，中长期的远程旅游占比较小。

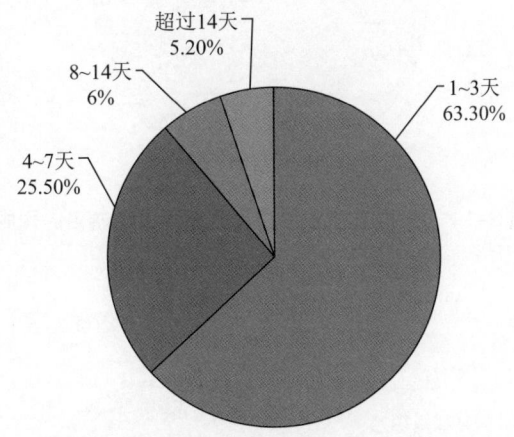

图3-13　2021年城镇过夜国内旅游者停留天数构成

2.农村居民国内旅游行为特征

2021年，农村居民的国内旅游首要出游目的与城镇居民相似，探亲访友所占比例最高，占到42.2%；其次是出差/开会/商务，占到18.8%；再者是观光游览，占到16.7%。其余几个目的的旅游人数所占比重相对较低，其中度假休闲占8.5%，养生保健疗养占2.4%，文娱体育健身占2%，其他旅游目的占9.3%（见图3-14）。与城镇居民相比，农村居民的出游目的中观光游览、度假休闲所占比重相对较低。

2021年，在农村居民国内旅游者中，旅行社组织的团队游客仅占1.7%，而非旅行社组织的自助出游散客占到了98.3%（见图3-15）。与城镇居民类似，农村居民国内旅游者中散客旅游者占据了绝大部分，而且农村居民中散客旅游者的比重甚至比城镇居民更高，这与农村居民在旅行社业务集中的观光游览、度假休闲等领域所占比重更低有关。

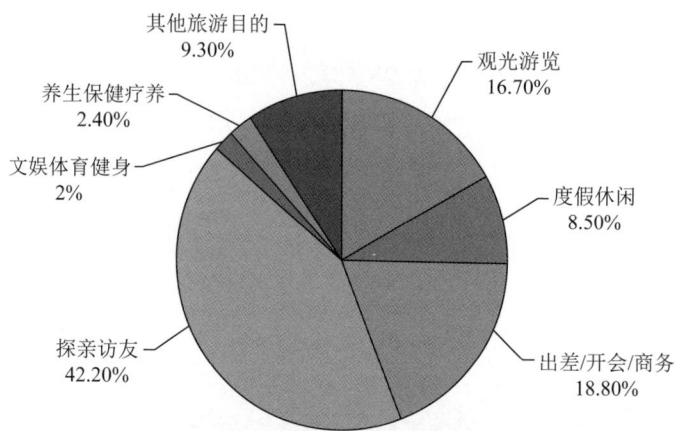

图 3-14　2021 年农村居民国内旅游者出游目的构成

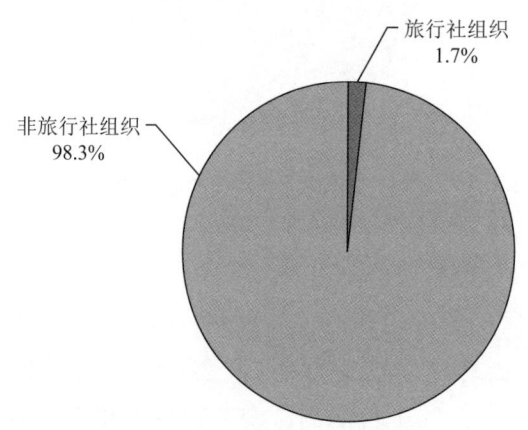

图 3-15　2021 年农村居民国内旅游者旅游方式构成

2021 年，农村居民每次出游人均花费约为 613.6 元，仅相当于城镇居民的 60.8%。按旅游目的细分并排序，商务出差每次出游人均花费最高（846.3 元），观光游览和度假休闲每次出游人均花费相等（都是 671.7 元），养生保健疗养每次出游人均花费 633.3 元，探亲访友每次出游人均花费 507.7 元，文娱体育健身每次出游人均花费 396.3 元，其他旅游目的每次出游人均花费 442.2 元（见图 3-16）。数据显示，在农村居民国内旅游者中，以商务出差为目的的国内旅游者虽然仅占总人数的 18.8%，却是每次出游人均花费最高的类别。

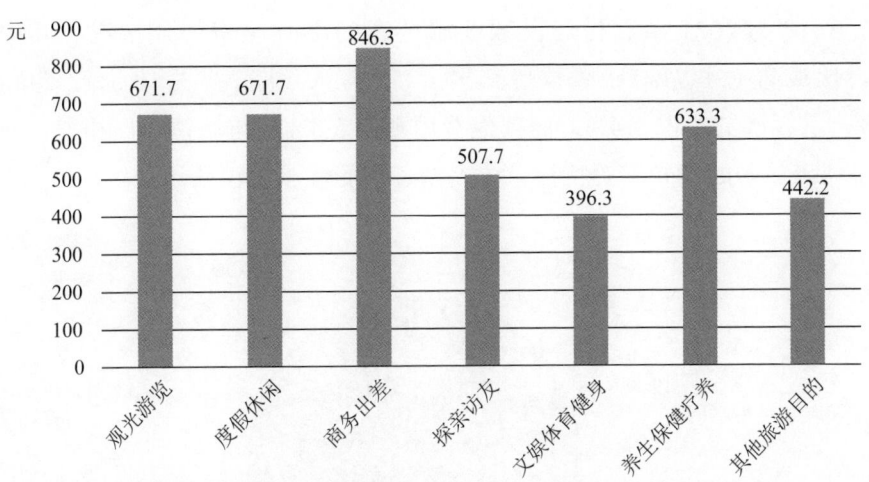

图 3-16 2021 年农村居民国内旅游者按出游目的划分的人均每次花费

从出游方式来看，2021 年农村居民国内旅游者中通过旅行社组织的人均花费为 1634.3 元，非旅行社组织的人均花费 537.5 元（见图 3-17）。可以看出，通过旅行社组织的每次出游人均花费是非旅行社组织的一倍多，两个类别间的差距显著高于城镇居民。从纵向对比来看，2021 年农村居民通过旅行社组织的每次出游人均花费大幅度高于 2020 年，而非旅行社组织的人均花费仅有小规模增加。

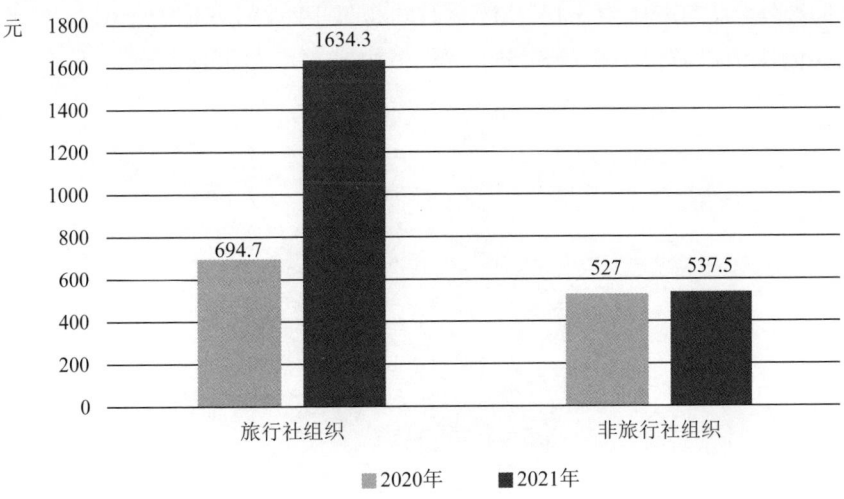

图 3-17 2021 年农村居民国内旅游者按旅游方式划分的人均每次花费

图 3-18 为 2021 年农村居民散客旅游者的出游花费构成情况。其中，交通费占比最高（36.7%），餐饮费其次（25.3%），住宿费占 10.5%，购物费占 19.9%，景区游览费占 2.4%，而其他费用则占 5.3%。与城镇居民相似，农村居民还呈现出显著的观光旅游特征，休闲型、享受性旅游消费不足。

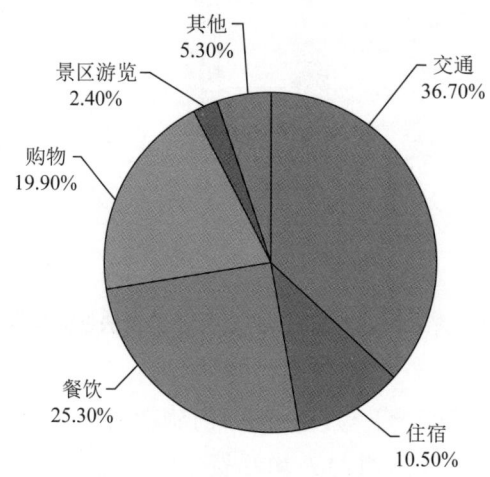

图 3-18　2021 年农村居民散客旅游者出游花费构成

图 3-19 为 2021 年农村居民旅游者的过夜停留时间。农村居民旅游者的过夜停留时间以 1~3 天的最多（占比为 69.1%），停留时间 4~7 天的占比为 24.2%，停留时间 8~14 天的占比为 3.1%，停留时间超过 14 天的占比为 3.6%。由此可见，农村居民的国内旅游以短期旅游为主，出游半径集中在本地游和周边游。

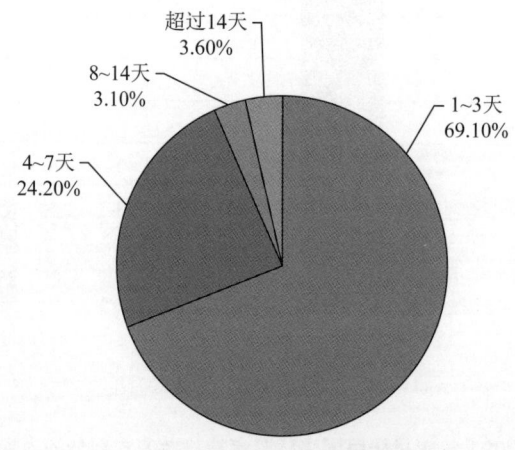

图 3-19　2021 年农村过夜国内旅游者停留天数构成

3. 城乡居民旅游行为特征对比

对比 2021 年城镇居民和农村居民的国内旅游出游行为特征后可以发现，虽然我国城乡居民的收入差距正在逐渐缩小，但是国内旅游发展的城乡二元结构仍然存在。

从出游目的来看，城镇居民和农村居民均倾向于探亲访友，且两者在商务出差方面的花费都是最高的。两者不同之处在于，城镇居民更倾向于观光游览和度假休闲，而农村居民则更倾向于观光游览和商务出差。

从出游方式来看，城镇居民和农村居民都更倾向于不通过旅行社而以散客的方式出游，通过旅行社跟团游的旅游人数占比很小。具体而言，农村散客在全部国内旅游者中所占的比重要高于城镇散客，这是由农村旅游者的出游目的和消费倾向所决定的。

从出游花费构成来看，城镇居民和农村居民都在交通和餐饮上花费较多。值得一提的是，农村居民购物费在所有花费中的比重要高于城镇居民的购物费比重，住宿费在所有花费中的比重低于城镇居民的住宿费比重，说明城乡居民的旅游消费习惯仍然存在显著差异。

按出游目的划分的人均花费来看，城镇居民和农村居民都是商务出差的游客人均花费最高，而度假休闲、观光游览等方面花费则排在第二、第三位。

按出游方式划分的人均花费来看，无论是城镇居民还是农村居民，都是跟团游的人均花费要显著高于散客游的人均花费。在 2020—2021 年间，跟团游人均花费呈现出快速增长的态势，反映了疫情背景下旅游产品质量升级的趋势。

从出游半径来看，无论是城镇居民还是农村居民，都更为倾向于本地游，而异地游的比重则相对较低。从过夜游客的停留时间来看，城镇过夜游客的停留时间显著高于农村过夜游客的停留时间。

（三）中老年人成为国内旅游客源主力军

2021 年我国国内旅游市场的主要人群是 45~64 岁的中老年人，为 9.02 亿人次；其次是 25~34 岁这一年龄阶段的旅游者，为 7.04 亿人次；接下来是 35~44 岁的旅游者，为 6.37 亿人次。除此之外，15~24 岁、14 岁及以下、65 岁及以上的旅游者分别为 3.2 亿人次、3.9 亿人次和 2.92 亿人次（见图 3-20）。

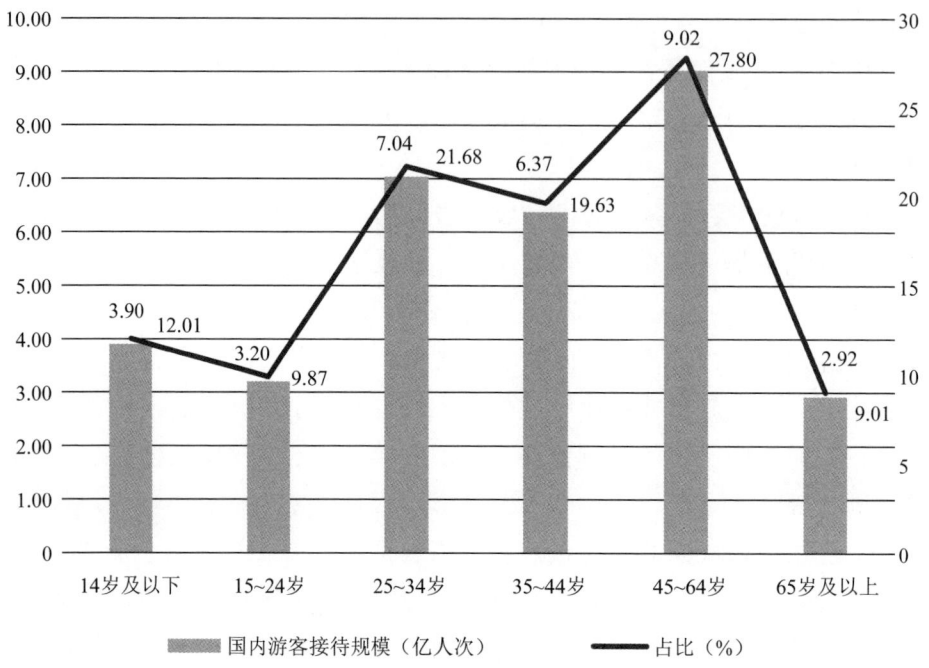

图 3-20　2021 年国内旅游者年龄分布

2021年45岁以上的中老年旅游者合计出游11.94亿人次，占据了国内旅游客源市场的36.81%，成为国内旅游的主力军。与此同时，2021年14岁及以下的国内旅游人数与2020年相比增长较快，"一老一小"成为国内旅游的亮点和重点。

（四）国内旅游客源呈现高学历趋势

从我国国内旅游者的受教育程度来看（见图3-21），2021年我国国内旅游客源市场依然呈现出高学历特征。其中本科、大专学历的旅游人数有12.52亿人次，为所占比重最高的组别，占比达到了38.58%；初中学历的旅游人数有10.04亿人次，所占比重为30.92%；高中学历的旅游人数为6.11亿人次，所占比重为18.81%；小学及以下旅游人数为2.59亿人次，所占比重为7.99%；研究生及以上学历的旅游人数最少，仅有1.2亿人次，所占比重为3.69%（见图3-22）。

第三章 国内旅游客源市场特征
Chapter 3 Characteristics of Domestic Tourism Source Markets

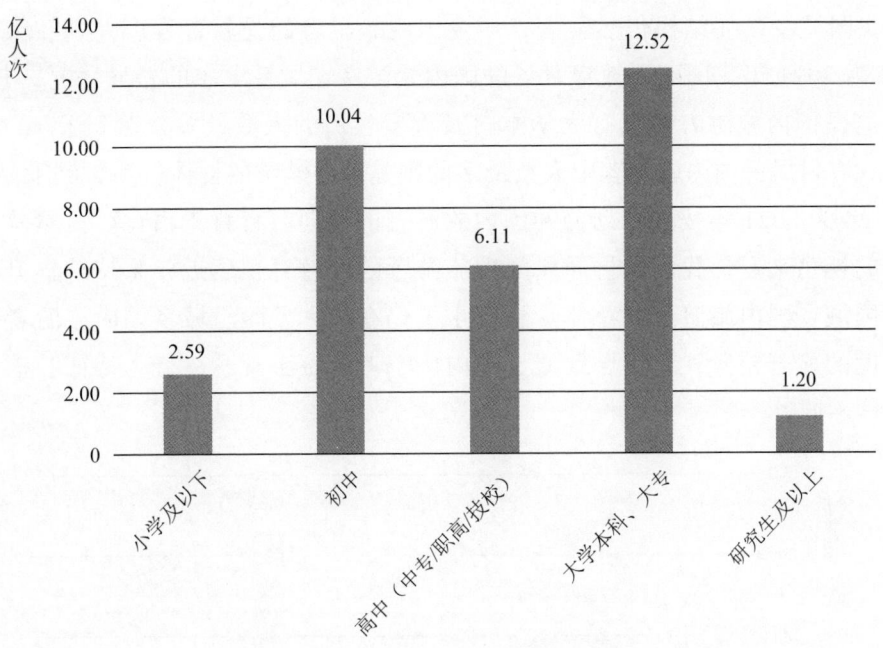

图 3-21 2021 年国内旅游者教育背景分布

从我国高学历旅游者的区域分布来看，他们主要集中在东部发达的城市群内，这也是我国东部国内旅游市场得以快速发展的重要原因之一。

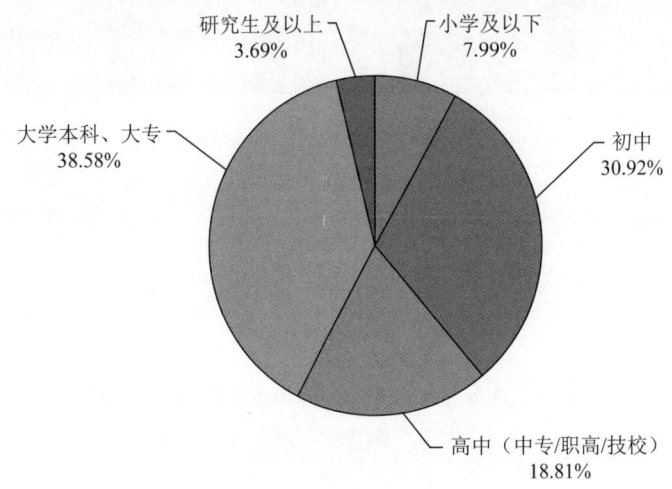

图 3-22 2021 年国内旅游者不同教育背景占比

35

我国城乡二元结构仍然显著，城乡国内旅游者的受教育程度差别较大。图3-23为2021年我国不同教育背景的国内旅游者在城乡分布的差异情况。其中，城镇居民国内旅游者中具有大学本科及大专学历的人数最多，达到了10.63亿人次；农村居民国内旅游者中人数最多的则是初中学历的群体，为2.85亿人次。图3-24为2021年按城乡划分的国内旅游者的不同教育背景占比。虽然从乡村振兴的视角来看，我国农村居民国内旅游者的受教育程度近年来持续提升，但是我国城乡国内旅游者的总体受教育水平仍有较大差距。城乡国内旅游者受教育程度的显著差异，直接导致城乡国内旅游者的旅游观念、行为特征和消费水平截然不同。

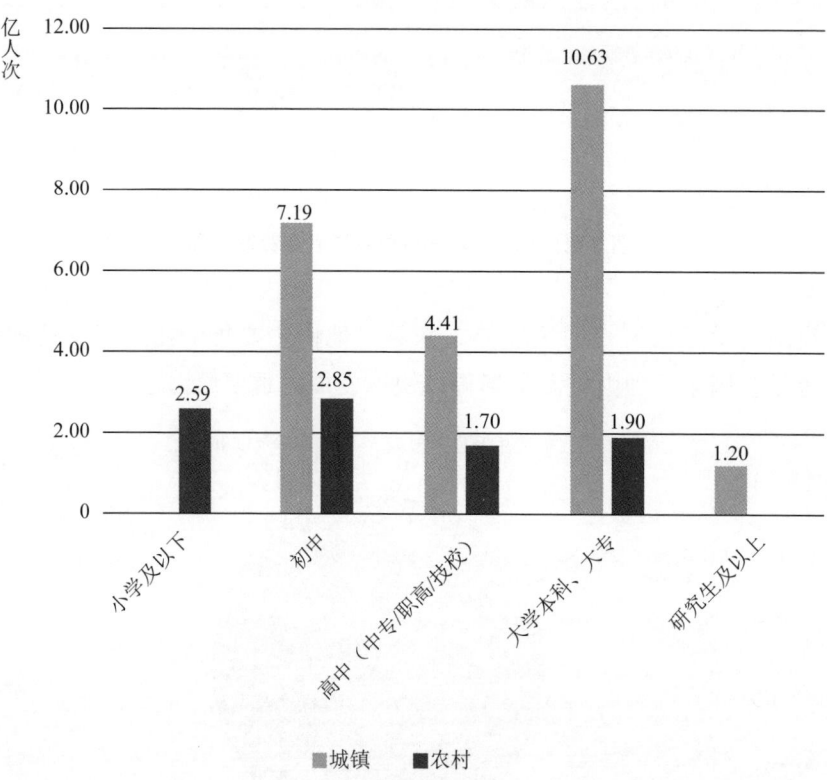

图3-23 2021年按城乡划分的国内旅游者的教育背景分布

第三章 国内旅游客源市场特征
Chapter 3 Characteristics of Domestic Tourism Source Markets

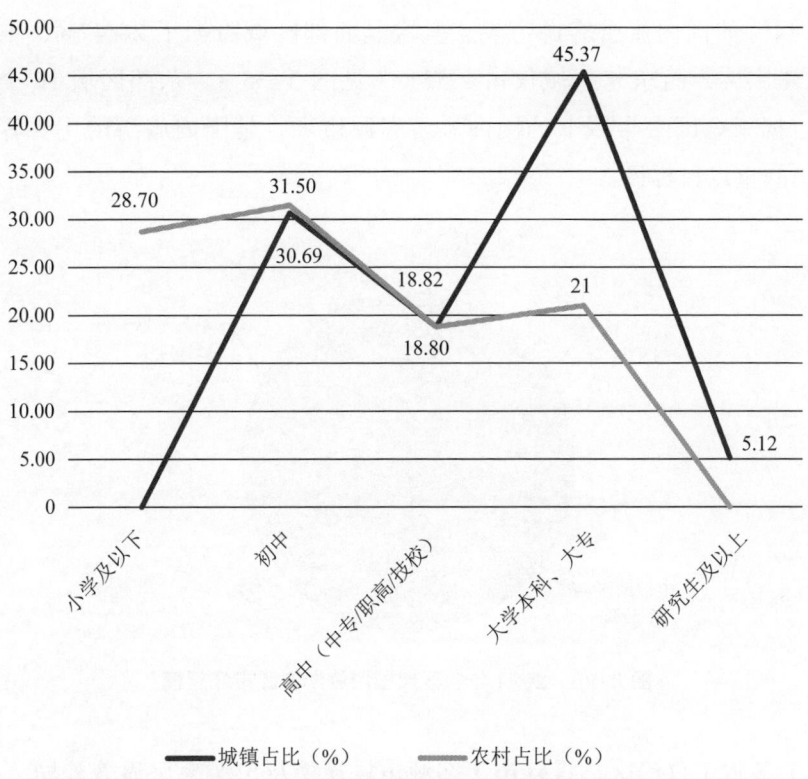

图 3-24 2021 年按城乡划分的国内旅游者的不同教育背景占比

三、国内旅游客源市场分省（自治区、直辖市）特征

（一）东部区域占全国一半旅游客源市场

按照国家战略和区域政策特征，可以将我国 31 个省、自治区和直辖市划分为东部地区、中部地区、西部地区和东北地区四大区域。其中，东部地区包括北京、天津、河北、上海、江苏、浙江、福建、山东、广东、海南，中部地区包括山西、安徽、江西、河南、湖北、湖南，西部地区包括内蒙古、广西、重庆、四川、贵州、云南、西藏、陕西、甘肃、青海、宁夏、新疆，东北地区包括辽宁、吉林、黑龙江。

2021 年，我国的国内旅游客源市场从空间分布来看呈现出显著的区域差异特征。综合考虑国内旅游者的出游次数和停留时间等因素，2021 年东部区域占据了 51.44% 的国内旅游客源市场，其次是西部区域占据了 24.47%，中部区域占据了 21.57%，而东北区域仅占 2.52%（见图 3-25）。东部区域 10 个省（直辖市）占据了全国一半以上的国内旅游客源市场，是国内旅游的主要客源地和市场营销的重点目标区。

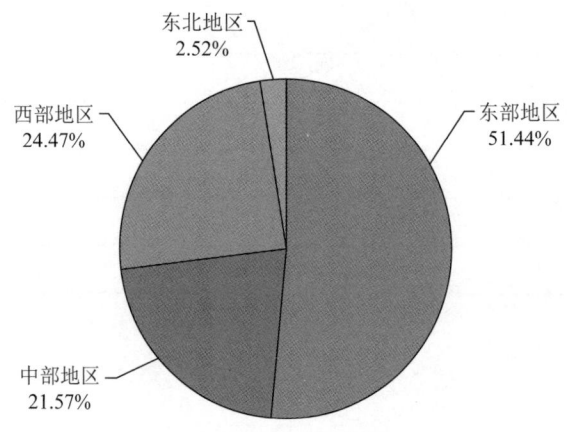

图 3-25　2021 年各区域国内旅游客源市场规模

（二）各省（自治区、直辖市）客源市场规模及出游率呈显著差异

图 3-26 为 2021 年 31 个省（自治区、直辖市）的客源市场规模指数和国内出游率指数。其中，客源市场规模指数反映了该省（自治区、直辖市）的国内旅游客源市场规模的大小，国内出游率指数则反映了该省（自治区、直辖市）居民每年国内旅游出游次数的多少。两个指数都进行了标准化处理，1 代表 31 个省（自治区、直辖市）中的最大值，0 则代表最小值。

观察图 3-26 可以发现，浙江、重庆、广东、江苏、湖南等省、直辖市具有较大的国内旅游客源市场规模，上海、重庆、浙江、北京、江苏等省、直辖市的居民具有较高的国内旅游出游率。综合考虑上述两个指标，从规模和频率两个指标来看，浙江、江苏、重庆、上海、北京等省、直辖市都是全国最重要的国内旅游客源市场。

同时可以发现，西藏、黑龙江、青海、新疆、内蒙古等省、自治区的国内旅游客源市场规模最小，黑龙江、新疆、吉林、河南、河北等省、自治区居民的国内旅游出游率则较低。综合考虑两大指标，西藏、黑龙江、新疆、内蒙古、吉林等省、自治区的国内旅游市场潜力还有待进一步开发。

第三章　国内旅游客源市场特征
Chapter 3　Characteristics of Domestic Tourism Source Markets

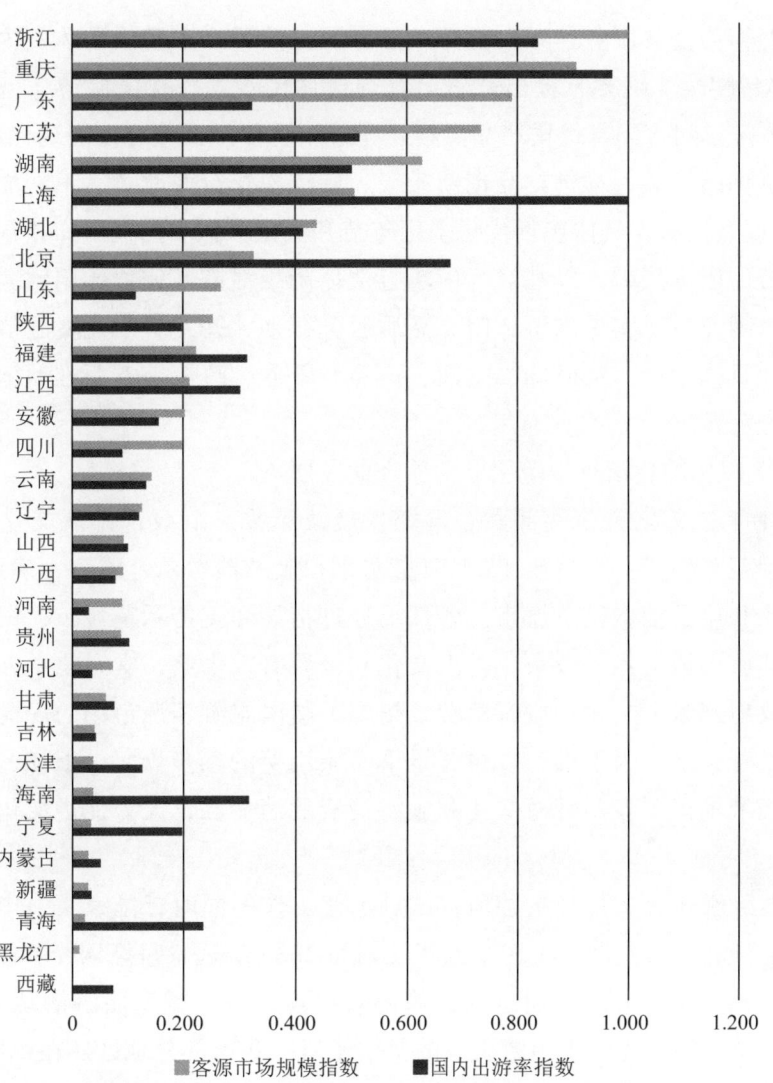

图 3-26　2021 年各省（自治区、直辖市）国内旅游客源市场规模指数和国内出游率指数

四、国内旅游客源市场促进政策和典型案例

（一）从战略高度拓展国民旅游休闲发展空间

2022 年，国家发展改革委、文化和旅游部联合印发《国民旅游休闲发展纲要（2022—2030 年）》（以下简称《纲要》），旨在进一步优化我国旅游休闲环

39

境，完善相关公共服务体系，提升产品和服务质量，丰富旅游休闲内涵，促进相关业态融合。《纲要》提出部署培育现代休闲观念、保障旅游休闲时间、优化旅游休闲空间、丰富优质产品供给、完善旅游休闲设施、发展现代休闲业态、提升旅游休闲体验、推进产品创新升级、持续深化行业改革、不断加强国际交流 10 项重点任务，具体包括优化全国年节和法定节假日时间分布格局、规划建设环城市休闲度假带、以社区为中心打造休闲生活圈、完善休闲服务设施、发展新兴休闲业态、实施旅游休闲高品质服务行动、开发数字化文旅消费新场景等一系列具体举措，从时间、空间、产品、服务、政策等方面推动国内旅游市场需求的发展。

（二）以标准化试点示范引导文旅产业发展

2021 年，文化和旅游部联合国家发展改革委、财政部开展文化和旅游消费试点示范工作，共评选出 15 个国家文化和旅游消费示范城市，确定了 60 个国家文化和旅游消费试点城市。各部委通过指导和支持示范城市、试点城市实施文化和旅游消费惠民政策，扩大文化和旅游有效供给，常态化举办促消费活动，有效地刺激了文化和旅游消费，拓展了国内旅游客源市场的规模和消费潜力。在此背景下，为了推动疫情背景下文旅消费的逐步恢复，浙江、湖北、贵州等省相继推出了专门针对文化和旅游消费的消费券，大力促进文化和旅游线下消费。

在供给侧开展文化和旅游消费试点示范工作的同时，国家《中华人民共和国国民经济和社会发展第十四个五年规划和 2035 年远景目标纲要》提出要"全面落实带薪休假制度"。通过促进旅游者错峰出行，减弱旅游活动的季节性，消除由"黄金周"等集中出游引起的供求矛盾。我国部分地区还在积极探索 2.5 天弹性休假制度，这种休假制度可以大大缓解劳动者压力、延长实际休假时间，从而增强旅游者消费意愿，有效做大国内旅游客源市场。

（三）以组合性优惠政策刺激文旅消费复苏

2020 年 3 月，浙江省文化和旅游厅等 10 部门印发了《关于尽快恢复振兴文化和旅游消费市场　进一步激发文化和旅游消费潜力的实施意见》，提出了促进文化和旅游消费的总体目标、主要任务、保障措施和评价体系。在该意见的指导下，省、市、县三级联动，发放了"10 亿元文旅消费券"和"1 亿元大红包"。此后，浙江省文化和旅游厅联合省总工会发出"浙江人游浙江"省内疗休养倡议，相继举办了"春和景明·绿水青山健康行"、"暑"浙里好玩、夜间文旅消费季等促进文化和旅游消费系列活动，以及中国义乌文化和旅游产品交易博览会等重要展会，推出了"百县千碗"美食游、"百县千景"生态游、"百县千村"乡村游、"百县千网"云上游等"八百八千"系列文化和旅游产品，有效地在省域范围内促进了国内旅游发展。

湖北省文化和旅游厅重点针对湖北景区门票、星级饭店住宿、旅行社开发"引客入鄂"线路产品，依托国内主要电商平台发放了1500万元文化和旅游消费优惠券。鄂旅投集团依托"游湖北"文旅服务平台发放了1000万元惠民消费券，引导带动全省文旅消费。此外，湖北还组织引导各市州和文旅企业出台措施拉动文旅消费。例如，恩施出台措施支持全州A级旅游景区对全国游客实行门票半价优惠，孝感发放工会版旅游年票，黄冈推出A级旅游景区门票、二次消费优惠促销活动，随州各大景区实行门票半价优惠。

2021年11月，多彩贵州暖心消费季在贵阳市启动。据了解，活动期间，贵州省商务厅联合省文化和旅游厅等部门发放了1100万元冬季文化和旅游消费券。此次消费券为电子消费券，在多彩宝APP上发放，包括500万元的温泉消费券、400万元的民宿消费券、200万元的滑雪消费券。参与活动的企业还将推出"民宿+民俗体验""温泉+民宿""滑雪+缆车"等多种优惠套餐产品。

一系列文旅消费促进活动的开展，有效地推动了文化和旅游业复工复产，促进了文化和旅游市场复苏，也丰富了群众的休闲娱乐生活。各省文化和旅游系统努力确保各项优惠措施落地、文化和旅游产品高质量供给、优质服务到位、安全措施落实，为文化和旅游市场复苏营造良好的环境氛围，有效地刺激了国内旅游客源市场需求的迅速恢复。

第四章
国内旅游目的地市场特征

一、国内旅游目的地市场总体特征

按照国家战略和区域政策特征，可以将我国 31 个省、自治区和直辖市划分为东部地区、中部地区、西部地区和东北地区四大区域。其中，东部地区包括北京、天津、河北、上海、江苏、浙江、福建、山东、广东、海南 10 个省（直辖市），中部地区包括山西、安徽、江西、河南、湖北、湖南 6 个省，西部地区包括内蒙古、广西、重庆、四川、贵州、云南、西藏、陕西、甘肃、青海、宁夏、新疆 12 个省（自治区、直辖市），东北地区包括辽宁、吉林、黑龙江 3 个省份。

在此区域分析框架下，全国的国内旅游目的地市场也可以分为东部地区、中部地区、西部地区和东北地区四大区域。2017 年以来国内旅游目的地市场的发展历程可以大致划分为三大阶段，本节将从区域视角重点分析最近 5 年来国内旅游目的地市场发展的主要特征。

（一）2019 年前国内旅游目的地市场呈现快速收敛发展态势

图 4-1 为 2017—2021 年四大区域的国内旅游接待人数发展变化情况。

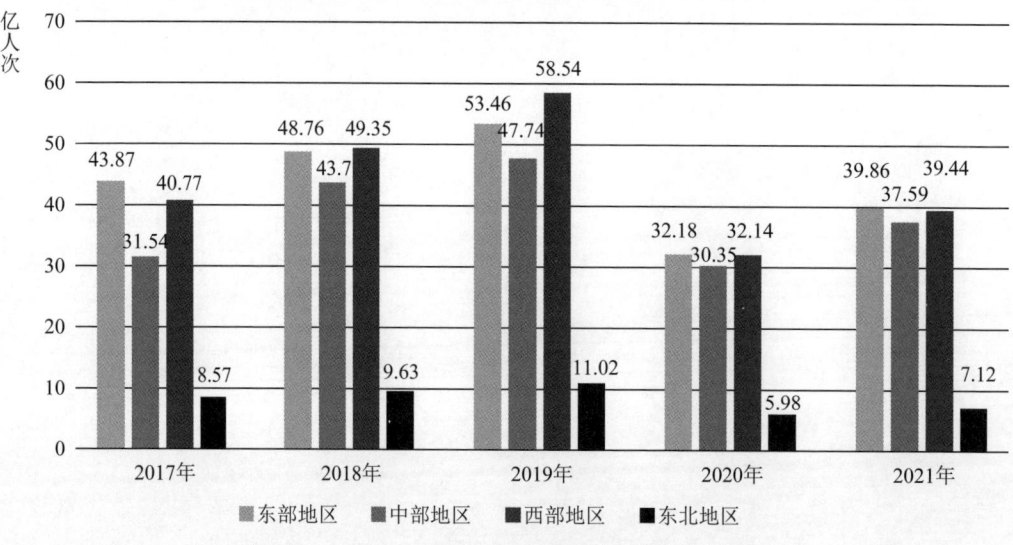

图 4-1　2017—2021 年分区域国内旅游接待人数

2017—2019年，四大区域的旅游接待人数均呈现出快速增长的趋势，特别是西部地区，在西部大开发的宏观战略背景下，国内旅游接待人数在过去20年的时间内保持加速增长的态势，与东部地区的差距不断缩小，并在2019年超越东部地区成为全国接待国内旅游人数最多的区域。近年来，中部地区与东部地区的差距也在不断缩小。总体而言，2019年之前，我国国内旅游目的地在快速发展的同时呈现出区域收敛发展的趋势，基数较低的区域反而增长速度更快，全国一体化的旅游目的地体系正在迅速形成。

（二）2020年国内旅游目的地市场受疫情影响急剧下跌

2020年受到新冠肺炎疫情影响，国内旅游目的地的接待人数出现断崖式下跌。其中，东部地区从2019年的53.46亿人次下降到2020年的32.18亿人次，降幅为39.8%；中部地区从2019年的47.74亿人次下降到2020年的30.35亿人次，降幅为36.4%；西部地区从2019年的58.54亿人次下降到2020年的32.14亿人次，降幅为45.1%；东北地区从2019年的11.02亿人次下降到2020年的5.98亿人次，降幅为45.7%。新冠疫情使国内旅游目的地受到了极大的影响，而受影响程度又以本地客源市场较小、更为依靠远程客源市场的东北地区和西部地区最为严重。

（三）2021年国内旅游目的地接待人数稳步恢复发展

2021年，在常态化疫情防控背景下，我国旅游市场逐步恢复。其中，东部地区的国内旅游接待人数从2020年的32.18亿人次增长到2021年的39.86亿人次，涨幅为23.9%；中部地区的国内旅游接待人数从2020年的30.35亿人次增长到2021年的37.59亿人次，涨幅为23.9%；西部地区的国内旅游接待人数从2020年的32.14亿人次增长到2021年的39.44亿人次，涨幅为22.7%；东北地区的国内旅游接待人数从2020年的5.98亿人次增长到2021年的7.12亿人次，涨幅为19.1%。

2021年，各地区国内旅游收入如图4-2所示。东部地区以57 344.68亿元的国内旅游收入稳居四大区域首位，而中部地区的国内旅游收入则为38 806.71亿元，约为东部地区的67.67%。西部地区凭借优越的地理、丰富的文化资源吸引着众多旅游者前往游览。2021年西部地区旅游收入为44 440.64亿元，略高于中部地区，但与东部地区相比还有较大的差距。东北地区旅游收入为8172.91亿元，受冬奥会的影响，冰雪旅游成为热门，东北地区旅游收入较2020年有所增长。

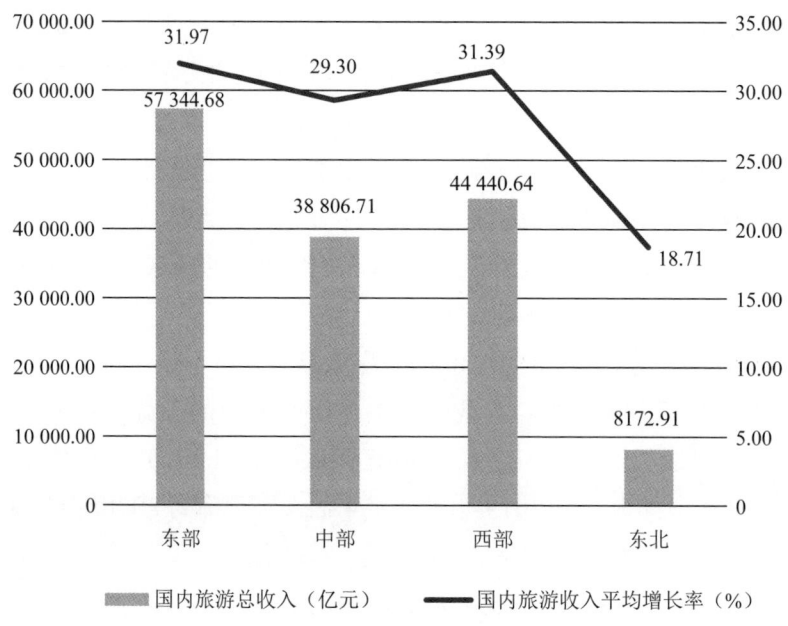

图4-2 2021年分区域国内旅游总收入和增长率

从发展速度来看，和2020年相比，2021年国内旅游目的地市场呈现出企稳复苏的趋势。在四大区域中，东部地区和中部地区恢复发展的速度最快，西部地区的复苏速度居中，而东北地区的恢复速度最慢。

从现状规模来看，2021年东部地区的整体国内旅游接待人数和国内旅游收入要高于中西部地区。目前，东部地区的国内旅游目的地市场规模排首位，西部地区的国内旅游目的地市场规模紧随其后排第二，中部地区排第三，东北地区第四。

二、国内旅游目的地市场分区域特征

（一）国内旅游总收入

图4-3反映了2021年我国四大区域国内旅游总收入的占比情况。2021年，各区域的国内旅游总收入存在明显差异。其中，东部地区国内旅游总收入为57 344.68亿元，占全国旅游总收入的38.55%，较2020年有所增加。中部地区和西部地区旅游总收入分别为38 806.71亿元和44 440.64亿元，分别占全国旅游总收入的26.09%和29.87%。旅游总收入最少的区域为东北地区，为8172.91

亿元，仅占全国旅游总收入的 5.49%。

从国内旅游收入的增长率来看，2021 年国内旅游收入最高的东部地区增长率为 31.97%；其次是西部地区，和东部地区的旅游收入增长率接近，为 31.39%；中部地区国内旅游收入增长率为 29.3%；东北地区旅游收入增长率仅为 18.71%。

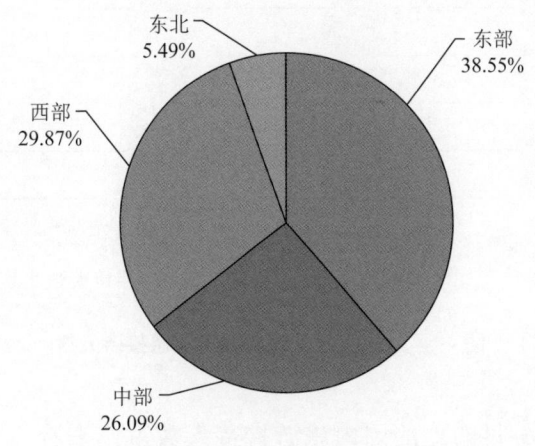

图 4-3　2021 年分区域国内旅游总收入占比

由上述数据可以看出，全国各地旅游经济都处于复苏阶段，四大国内旅游目的地区域较 2020 年均有所增长。其中，2021 年东部地区国内旅游收入的规模和增长率都稳居全国榜首，良好的交通区位条件、发达的本地出游市场是其发展优势所在。随着西部交通基础设施的逐步完善、旅游吸引物体系日益密集，西部地区也成为仅次于东部地区的重要旅游目的地，国内旅游收入的规模和增长率均居全国第二位。相比较而言，东北地区的国内旅游发展受到疫情冲击最为严重，恢复速度也相对缓慢。2021 年东北地区的国内旅游收入的规模和增长率都排名全国末位，疫情背景下与其他三大地区的国内旅游发展差距进一步拉大。

（二）国内旅游接待人数

由图 4-4 可以看出，2021 年我国四大区域旅游目的地的国内旅游接待人数情况。其中，东部地区和西部地区的国内旅游接待人数差距不显著，分别位居全国第一和第二位，分别为 39.86 亿人次和 39.44 亿人次。中部地区的国内旅游接待人数为 37.59 亿人次。东北地区的国内旅游接待人数最少，为 7.12 亿人次。

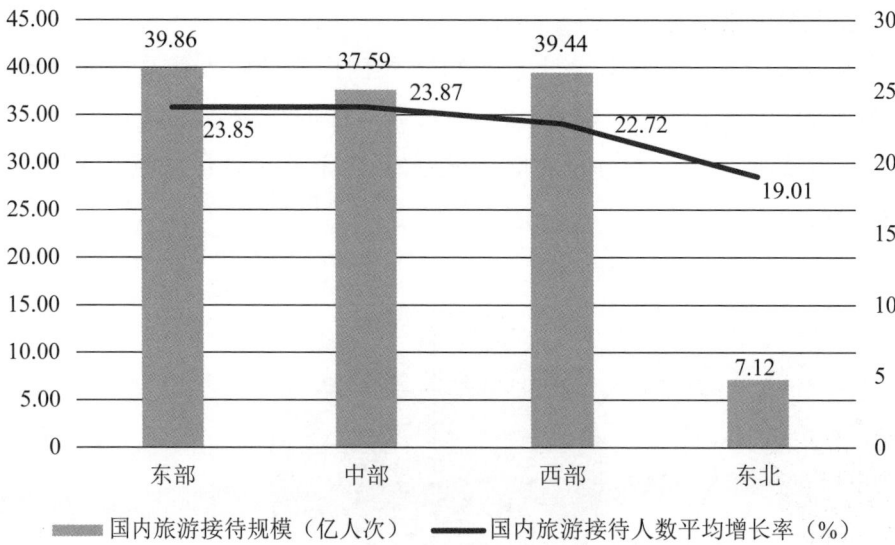

图 4-4 2021 年分区域国内旅游接待人数

从四大区域旅游目的地的国内旅游接待人数占比来看,东部地区人数占比最多,达 32.14%,排在首位;西部地区紧随其后,占比为 31.81%;中部地区为 30.32%;东北地区占比最小,为 5.74%(见图 4-5)。

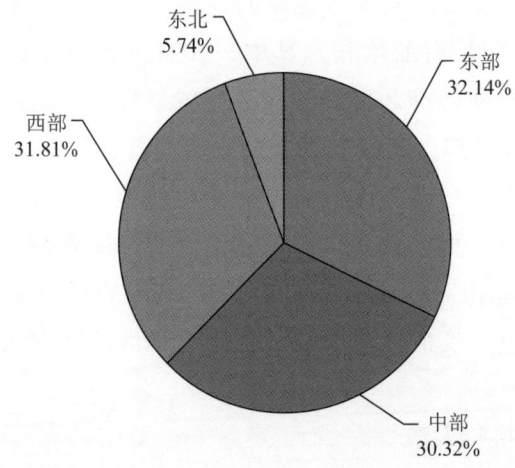

图 4-5 2021 年分区域国内旅游接待规模占比

从上述旅游接待人数的数据可以看出,我国东部地区、西部地区交通便利,交通通达性好，已经成为我国最重要的区域旅游目的地。中部地区旅游资源丰富而且处于交通枢纽位置，发展旅游业的综合优势得天独厚，与东部和西部地区的差距不断缩小，在我国国内旅游市场占据越来越重要的地位。东北地区受到疫情影响严重且近两年恢复速度较慢，与其他三大区域旅游目的地的差距有进一步拉大的风险。

（三）国内旅游人均消费

2021年四大区域的国内旅游人均消费仍存在较大差异。其中，东部地区的国内旅游人均消费最高，达到1438.81元。其次是东北和西部地区，国内旅游人均消费分别为1148.44元和1126.71元；而国内旅游人均消费最少的是中部地区，为1032.23元（见图4-6）。纵向对比，四大区域国内旅游人均消费水平较2020年均有所增加。

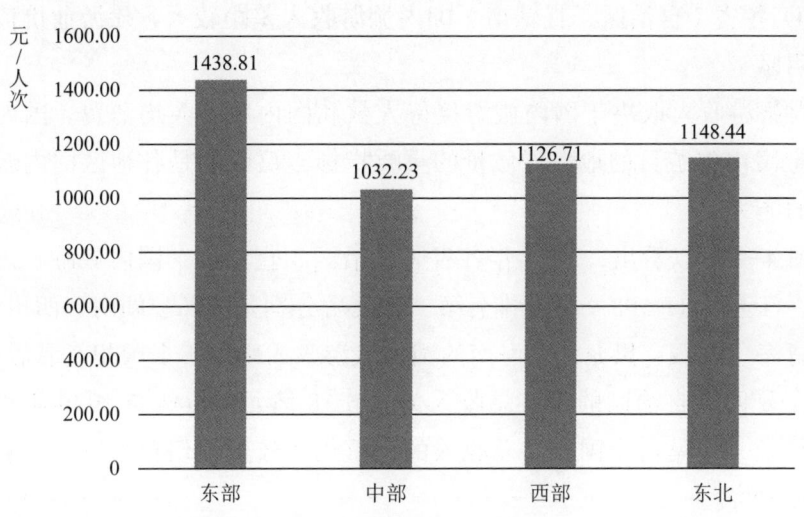

图4-6 2021年分区域国内旅游人均消费

观察上述数据可以发现，各地旅游客源市场和旅游目的地发展水平不同，因此旅游消费能力也有较大差异。东部地区旅游产业体系发达、交通便捷、旅游基础设施配套完善，从而使得其国内旅游人均消费水平最高。东北地区的冰雪旅游受到广大游客青睐，受到冬奥会的影响，冰雪旅游市场日渐火热，旅游消费能力也随之提升。西部地区的自然景观、历史文化、民俗风情等资源丰富，同时生态环境质量较高，民俗民风淳朴而独具特色，具备发展特色旅游的优势条件。近几年国家以及地方政府都比较重视旅游业的发展，相关促进政策不断出台,扶持资金不断涌入,旅游基础设施不断完善,同时受到疫情影响人们更愿意前往广阔的开放地区游览,使得大量旅游者不断涌入西部地区,使得西部旅游人均消费水平与东北地区接近。而中部地区由于本地旅游客源市场相对较小,且旅游产业体系还需要进一步完善提升,旅游产业的价值创造能力较弱,国内旅游人均消费最低。

三、国内旅游目的地市场分省(自治区、直辖市)特征

2021年,江苏、浙江、湖南分列国内旅游收入前三位,广西、河南、湖南分列接待旅游人次前三位,贵州、海南、天津国内旅游收入增幅最大,广东、四川、海南国内旅游人均消费最高。

(一)各省(自治区、直辖市)国内旅游收入差距较大,旅游业价值创造能力差异明显

国内旅游收入取决于国内旅游接待人数和国内旅游人均消费。国内旅游收入是确定国内旅游目的地发展质量的重要指标,反映的是各地区国内旅游业创造价值的能力。

从图4-7可以看出,2021年各省(自治区、直辖市)国内旅游收入存在较大差距,江苏以11 593.9亿元排名第一,之后分别是浙江、湖南、四川、广西。宁夏、青海、西藏、黑龙江、海南的国内旅游收入则处于全国相对靠后的位置。其中,宁夏回族自治区的旅游总收入为286.38亿元,虽然与2020年相比有较大幅度增长,但是占全国旅游总收入的比重仍然较低,仅相当于江苏省旅游总收入的2.47%。

从纵向对比来看,2021年各省(自治区、直辖市)之间的国内旅游收入增长速度不均衡。国内旅游收入增长率最低的是内蒙古,年增长率为-39.25%,其次是黑龙江,增长率为-18.2%。贵州地区2021年增长率最高,为98.55%。海南、天津、宁夏紧随其后,分别是58.6%、47.9%、44.1%。总体来看,2021年与2020年相比,绝大部分省(自治区、直辖市)的国内旅游收入有了一定程度的恢复性增长。但是,2021年内蒙古和黑龙江的国内旅游发展受到较为严重的疫情影响,国内旅游收入出现了下跌。

第四章　国内旅游目的地市场特征
Chapter 4　Characteristics of Domestic Tourism Destination Markets

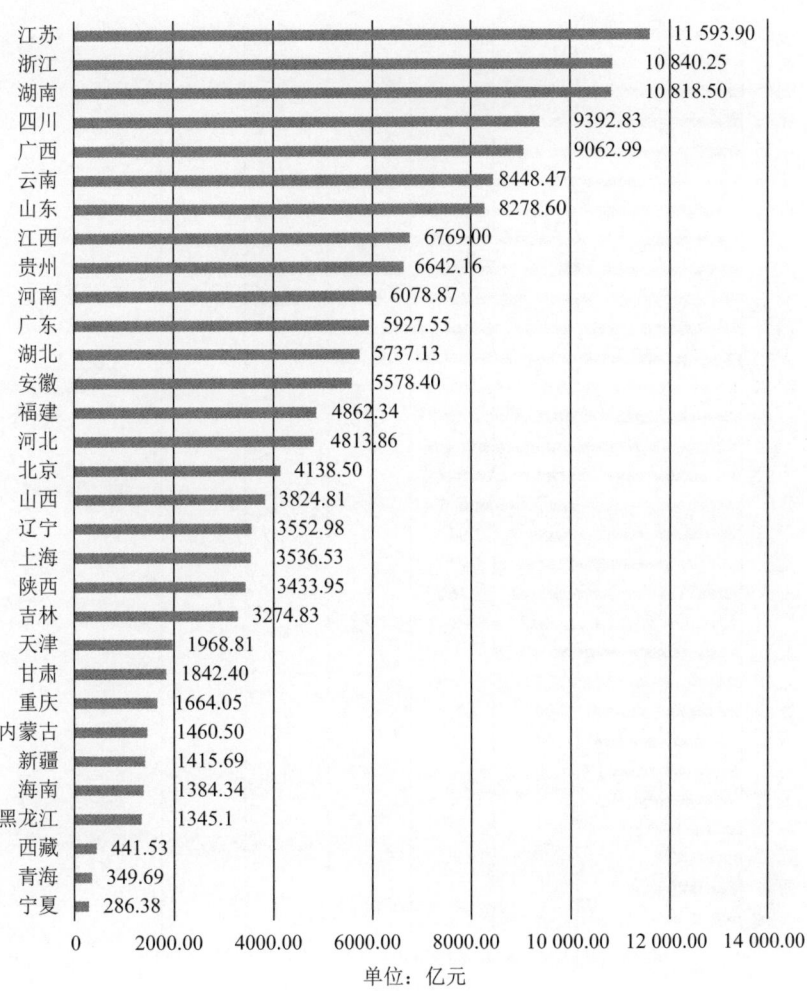

图4-7　2021年各省（自治区、直辖市）国内旅游收入

（二）各省（自治区、直辖市）国内旅游人数差距显著，呈现东多中少、南多北少格局

从图4-8可以看出，2021年我国各省（自治区、直辖市）的国内旅游接待人数差距较大。其中，广西壮族自治区以7.98亿人次位居榜首；河南省接待国内旅游人数为7.93亿人次，位居第二位；排名第三位的是湖南省，接待国内旅游人数为7.78亿人次；江西省则退居第四位，接待国内旅游人数为7.43亿人次。2021年宁夏、青海、西藏、海南四个省、自治区接待国内旅游人数相对较少，均不足1亿人次。

51

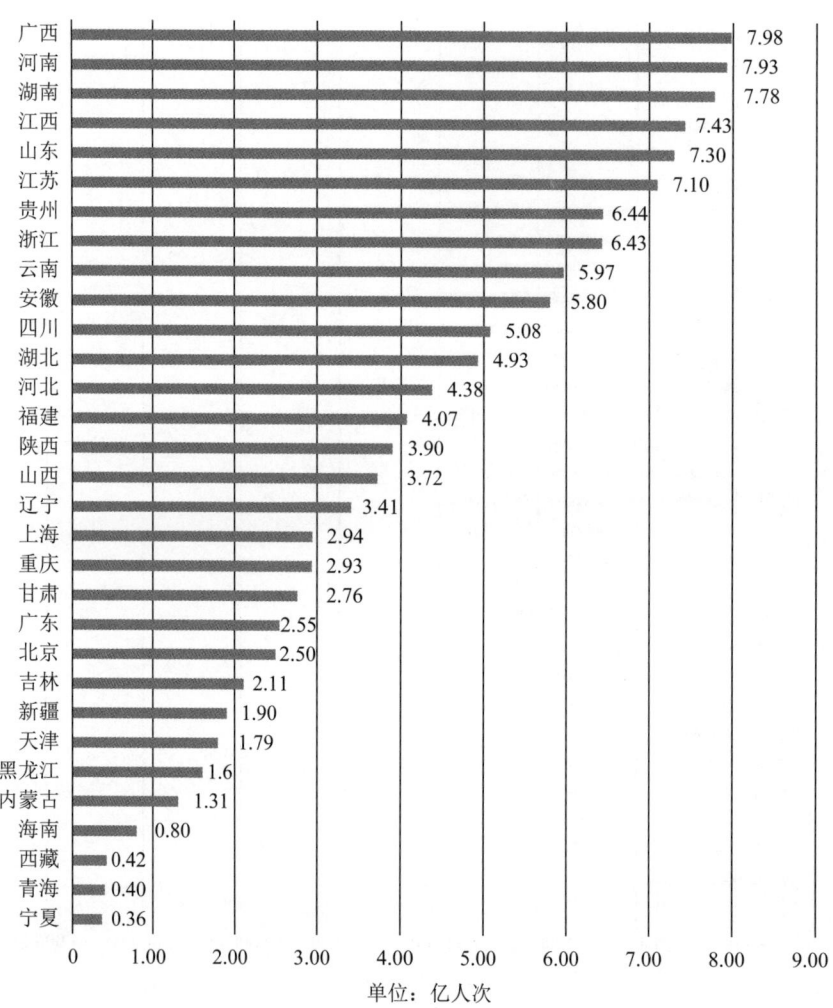

图 4-8　2021 年各省（自治区、直辖市）国内旅游接待人数

2021年我国各省（自治区、直辖市）之间的国内旅游接待人数增长率差距较大。其中，增长率最低的是内蒙古自治区，国内旅游接待人数增长率为4.8%，显著低于其他省（自治区、直辖市）。贵州、江苏及河南的国内旅游接待人数增长率最高，分别为66.4%、49.7% 和 43.92%。

（三）旅游人均消费与旅游产业发展水平呈现正相关关系

国内旅游人均消费指标是由国内旅游收入除以国内旅游人次之后得出的。国内旅游人均消费指标反映了国内旅游每人次的消费额，是展现各地区旅游业创造价值能力的重要指标。

图 4-9 反映了我国各省（自治区、直辖市）国内旅游人均消费差距。2021年广东的国内旅游人均消费位居全国第一，其国内旅游人均消费达到 2325.19元，和 2020 年相比有所增加。除此之外，四川、海南、浙江、北京、江苏、吉林的国内旅游人均消费也较多，均超过了 1500 元。

2021 年国内旅游人均消费低于 1000 元的省（自治区、直辖市）数量为 10个，和 2020 年相比数量有所下降，分别是重庆、甘肃、新疆、河南、宁夏、黑龙江、陕西、青海、江西、安徽。

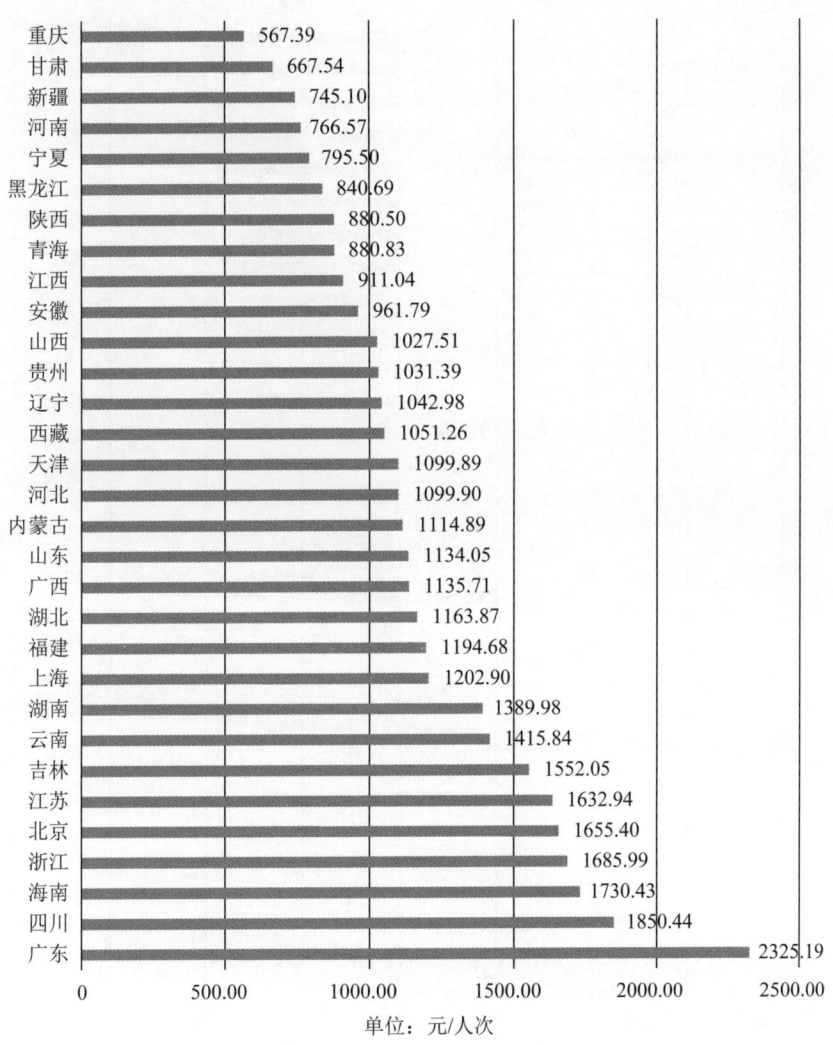

图 4-9　2021 年各省（自治区、直辖市）国内旅游人均消费水平

从 2021 年各省（自治区、直辖市）的国内旅游人均消费空间分布来看，并不像国内旅游接待人数或国内旅游收入一样表现出明显的中、东、西部东北地区分布的特征，而是与旅游目的地的经济发展水平密切相关。其中，我国经济发达的京津冀地区和长江三角地区旅游人均消费较高，而重庆和甘肃等中西部省（自治区、直辖市）的旅游人均消费水平则相对较低。

2021 年各省（自治区、直辖市）国内旅游人均消费水平增长率详见图 4-10。

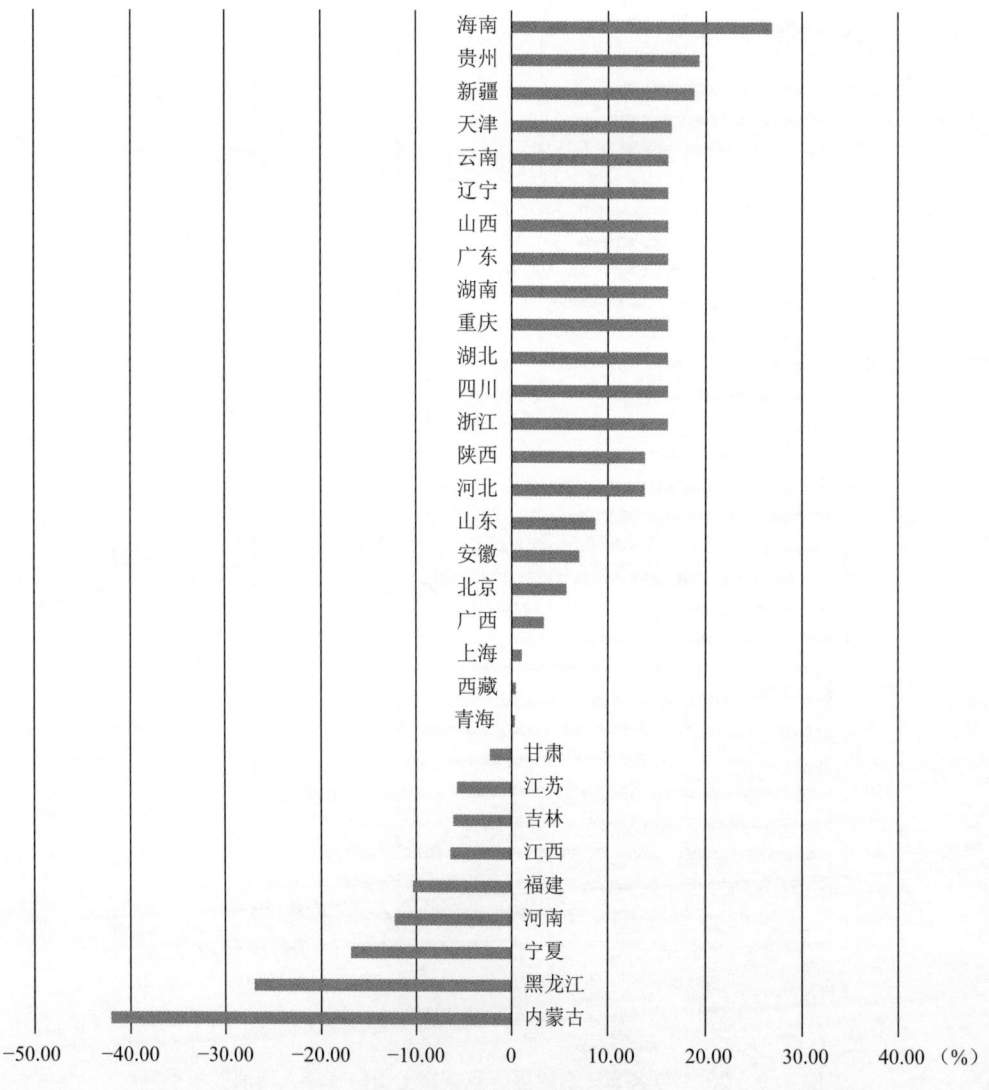

图 4-10　2021 年各省（自治区、直辖市）国内旅游人均消费水平增长率

四、国内旅游目的地市场政策研究和典型案例

（一）本地近程市场成为国内旅游目的地市场营销重点

受新冠肺炎疫情影响，"非必要不出行"政策原则带动"本地人游本地"，国内旅游市场近程化特征明显。无论是故宫、良渚等重要旅游景区还是天安门广场、上海外滩、杭州西湖、重庆解放碑等开放式景区，无论是历史文化街区、城市休闲商圈还是建业电影小镇、北京环球影城等新型旅游项目，在旅游消费和客流营销方面，都更为重视本地和近程客源市场的开发，特别是2~3小时交通圈内的市场。

（二）夜间旅游成为国内旅游目的地拓展消费领域亮点

随着人们消费水平的提升，旅游消费场景也渐渐由"日"向"夜"，实现全面覆盖。在热门旅游城市之中，重庆、长沙、广州成为夜游代表城市。其中，重庆两江游、湘江游轮橘洲之星、珠江夜游等玩乐体验热度较高。

全国各地积极探索文化和旅游消费"夜经济"，从夜宴、夜游、夜赏、夜购、夜旅、夜演及夜宿等方面，提升项目夜太美的"魅"力和"味"力。通过挖掘自身文旅资源和优势，融入各地地方特色，持续打造夜间消费新场景、新业态、新产品，为城市打造夜游名片，为地方带活夜经济，为广大游客丰富夜间文化体验，助力全国夜经济高质量发展。

（三）文旅融合成为国内旅游目的地转型升级发展方向

文化和旅游部推出"乡村四时好风光——春生夏长 万物并秀"全国乡村旅游精品线路113条。福建开展"春回福地 '艺'起出发"主题文艺活动，推出超过150场线上线下演出和展览等活动。江西开展"红五月 再出发"文旅宣传推广季活动，包含了省级层面四大活动及各地市配套活动共1000多项。新疆结合"肉孜节"举办120项旅游活动和87项文化艺术活动。各地进一步加大惠民力度，增强人民群众的获得感。

广州融创乐园举办"吉时·行乐"中秋国潮嘉年华活动，将古代传统文化与现代国潮风尚完美融合。北京香山公园中秋将5G慢直播与古典诗词诵读相结合，邀请游客沉浸式体验中国传统文化韵味。无锡鼋头渚以团圆、相聚、思念、欢庆为主题，举办中秋水上音乐烟花大会，提升了城市旅游形象。

（四）全域旅游成为国内旅游目的地增强实力重要战略

近年来，陕西省岚皋县在全域旅游示范县创建过程中，大力实施一号工程、两大模式、三项保障、四大行动的"1234"创建举措，以旅游稳增长、促就业、惠民生、优生态，创建成效日益彰显。实施了6条景区道路改造，完善了智慧旅游服务体系，建成游客服务中心、旅游集散中心、公路服务区9个，新建、改建旅游厕所69座。服务水平方面，探索完善"1+3+X"旅游综合监管模式；制定了"巴山人家"农家乐标准、特色旅游民宿标准和行业行为规范，实现旅游安全零事故，投诉受理率100%、满意度95%。

安徽省黄山市按照"山上观光、城市休闲、乡村度假"的发展思路，围绕加快项目建设、丰富旅游业态、壮大市场主体，推进文化和旅游产业转型升级。通过政府搭台、企业运作、区域联动方式，围绕"全景黄山 全域自驾"主题，全市实施"1+8+N"系列活动，强化主题宣传和线路产品推广，努力打造"中国东部自驾游天堂"。

江苏省溧阳是南京都市圈成员城市、宁杭生态经济带上的重要副中心城市和示范区，有着中国长寿之乡、国家园林城市、"绿水青山就是金山银山"实践创新基地、国家全域旅游示范区等称号。它依托自身优质旅游资源，建成串联主要景区和200多个村落的"网红"公路——"溧阳1号公路"，打造"溧阳琴廊"、"焦尾琴公园"、融创曹山未来城等城市地标。同时，以天目湖旅游度假区为核心，打造南山竹海、山水园、火车来斯、汽车来斯等"一站式旅游休闲"产品体系，并创新推出"溧阳茶舍"精品民宿品牌，进一步丰富了全市旅游业态。

（五）新型产品成为国内旅游目的地优化供给重要抓手

壮大休闲农业、乡村旅游、民宿经济等特色产业。山西省忻州市静乐县以打造"百里汾河川、太原后花园"为目标，主动融入黄河、长城、太行三大旅游板块，持续加大旅游开发力度，不断完善和提升旅游服务质量、环境质量、景观质量，推出了"登中华北天柱，逛晋北古城，观明清书院，游生态长廊，悼革命先驱，探文物古迹，品绿色杂粮"的旅游宣传主题，以县城为中心，以汾河生态走廊和碾河文化走廊为两翼，以静乐八景为龙头，推动乡村采摘游、农业观光游、青少年活动游、老年娱乐游、红色革命游、生态休闲度假游、文物古迹探寻游等多元旅游业态快速发展。

大力发展寒地冰雪、生态旅游等特色产业。北京冰雪文化旅游季以"畅游冰天雪地，乐享北京冬季"为主题，涵盖全市各区冬奥文化活动、节庆活动、冰雪活动及赛事、戏雪乐园等内容，旨在升级冰雪消费体验。22条线路包含百年奥运梦、乐享京冰雪两个主题，汇集滑雪、登山、徒步、自驾、美食、网红打卡地等多种元素。延庆区冰雪欢乐季设置品牌活动、乐享冬趣、榻下暖汤、暖心美食、燃动延庆、精品线路6个板块，推出百余项文化和旅游项目及产品。同时，推出10条延庆冰雪旅游精品线路，包含冰雪巴士、畅游最美冬奥城、璀璨冰灯等主题，串联北京世园公园冰雪嘉年华、长城商业街、高星级酒店等近60处特色冰雪旅游资源；推出延庆冬奥冰雪地图，将景区、民宿、酒店与周边的民俗活动、特色农副产品、非遗手工展示等有机结合。

推进红色旅游、文化遗产旅游、旅游演艺等创新发展，提升度假休闲、乡村旅游等服务品质。安徽省黄山市大力发展红色旅游。以红军、新四军、火箭军为主线，推出红色徽州"三大革命事件"寻史经典线、"烈士缅怀"红色旅游线等6条红色旅游经典线路，组建红色旅游联盟，召开红色旅游联盟大会。以数字化、产业化、市场化方式，整合挖掘"五徽"（徽工之巧、徽玩之雅、徽茶之香、徽味之美和徽艺之韵）非遗文创价值，新增3处市"五徽"非遗文创体验中心分馆，建成8个非遗集市，全年开展非遗进景区活动不少于21场。推出非遗夜市及旅游演艺等业态，打造中心城区"新安月夜"品牌，持续做强7处省夜间文化和旅游消费"四个十佳"品牌，培育25家特色徽菜星级饭店，打造10处徽味夜市。

第五章
国内旅游流动特征

一、国内旅游客流总体特征

（一）全域旅游可进入性进一步提高

2021年，我国铁路营业里程达到15万公里，比2020年增加3600公里。铁路路网密度156.7公里/万平方公里，比2020年增加4.4公里/万平方公里。铁路复线率为59.5%，电化率为73.3%。

2021年，全国公路总里程528.07万公里，比2020年增加8.26万公里。全国公路密度55.01公里/百平方公里，比2020年增加0.86公里/百平方公里。其中，全国二级及以上等级公路里程72.4万公里，占公路总里程比重为13.7%，比2020年提高0.2个百分点。

2021年，全国三级及以上航道通航里程1.45万公里，比2020年增加140公里，占全国航道总里程比重为11.4%。

在此背景下，我国国内旅游目的地的可进入性进一步提高，广阔的"山水林田湖草沙"资源成为重要的生态旅游空间，促进我国全域旅游的快速发展。

（二）高速旅游交通网络加快完善

2021年我国完成交通固定资产投资3.6万亿元，比2020年增长4.1%。

2021年，我国高铁营业里程达到4万公里，占铁路营业里程比重超过1/4。2021年，我国高速公路里程16.9万公里，比2020年末增加8090公里，占公路总里程比重为3.2%，呈现稳步提高态势。2021年，我国定期航班通航机场、通航城市（或地区）分别提高至248个和244个，全年旅客吞吐量达到1000万人次以上的机场达到29个（比2020年增加2个），全年旅客吞吐量达到100万人次以上的机场96个（比2020年增加11个）。

全国综合立体交通网络加快完善，特别是高速旅游交通基础设施覆盖范围持续扩大，成为国内中远程旅游的重要支撑。

（三）重大交通工程催生旅游新热点

2021年，我国川藏铁路及配套公路有序推进，京哈高铁、京新高速公路全线贯通，西藏首条电气化铁路拉林铁路开通运营。

川藏铁路是国家重点建设项目，起于四川成都，经雅安、康定，在岗托跨金沙江后进入西藏，经昌都、林芝、山南至终点拉萨。川藏铁路线运营长度1838公里，工程投资预估算约2166亿元。其中，拉林铁路已于2021年建成通车。川藏铁路全线建成后，将成为连接我国西部四川省和西藏自治区的黄金旅游线路。

京哈高铁是我国"八纵八横"高速铁路网京哈—京港澳通道的重要组成部分。北京至哈尔滨高铁于2021年1月实现全线贯通，北京至沈阳、哈尔滨分别最快2小时44分、4小时52分可达。京哈高铁全线贯通，我国新增一条东北地区进出关高铁通道，将极大地促进我国东北地区、华北地区的旅游客源和目的地互动发展。

京新高速公路贯穿北京、河北、山西、内蒙古、甘肃、新疆6个省（自治区、直辖市），是连接首都北京和新疆乌鲁木齐的高速公路，是国家西部大开发的重要交通要道。京新高速全长2540公里，于2021年6月全线建成通车。京新高速公路是北京连接内蒙古西北部、甘肃北部和新疆的最便捷公路通道，它将使北京至新疆的距离缩短1300多公里。京新高速公路沿线生态景观壮美，被誉为"神奇的中国7号天路"，是中国最美的旅游风景公路之一。

（四）西部地区旅游交通持续优化

近年来，我国西部地区路网规模不断提升，结构持续优化。2021年，我国西部地区公路总里程占全国公路总里程比重达42.9%，比2020年提高0.5个百分点。2021年，我国西部地区高速公路里程占全国的比重达41.3%，比2020年提高1.7个百分点。

我国西部地区的公路路网规模和质量与东部、中部地区差距进一步缩小，为西部旅游客源地的深入开发、西部旅游目的地的赶超式发展提供了重要保障。

（五）农村地区旅游通达性稳步提升

近年来，我国农村交通网络通达通畅水平稳步提升。2021年，我国推动"四好农村路"高质量发展，832个脱贫县完成公路固定资产投资7582亿元，全年新改建农村公路超过16万公里。2021年全国农村公路里程达446.6万公里，比2020年增加8.4万公里。全国乡镇通三级及以上公路比例达82.2%，比2020年提高1.4个百分点。

农村交通网络通达性的改善，既有利于乡村旅游发展和乡村振兴目标的实现，又有利于充分挖掘农村旅游客源市场，促进城乡旅游一体化发展。

（六）自驾出游占公路交通比重稳步提高

2021年，我国完成公路营业性客运量50.87亿人，比2020年下降26.2%；完成公路营业性旅客周转量3627.54亿人公里，比2020年下降21.8%。与此同时，我国的私家车自驾出行迅速增长。交通运输部监测数据显示，2021年我国高速公路9座及以下小客车流量继续保持增长态势，2020和2021年平均增长率达3.7%。

乘坐公路客运交通的游客数量持续减少，自驾出游成为我国游客中短途旅游的重要形式。

（七）远途城际旅游更多依赖高速交通

2021年，虽然我国公路营业性客运量比2020年下降26.2%，但是铁路和民航的营业性客运量却实现恢复性增长，比2020年分别增长了18.5%和5.5%。受此影响，2021年我国铁路、民航客运量占营业性客运量比重进一步提高至36.8%，比2020年、2019年分别提高9.6个和12.2个百分点。

我国选择高铁、民航等交通工具作为城际间出行方式的旅客比重进一步提高，国内的中远程旅游更多依赖现代高速交通工具。

（八）轨道交通成为市内旅游重要方式

从城市内旅行看，2021年我国完成城市客运量993.84亿人，比2020年增长14.0%，各种城市内运输方式的客运规模逐步恢复，特别是轨道交通占比持续提升。2021年，我国公共汽电车、巡游出租汽车、城市轨道交通和客运轮渡的客运量比2020年分别增长10.6%、5.4%、34.9%和30.5%。其中，城市轨道交通客运量增长最快，客运规模已基本恢复至疫情前水平，占城市客运量比重为23.9%，较2020年、2019年分别提高3.7个和5.2个百分点。

为进一步提升市内出行服务品质，2021年我国318个地级以上城市实现交通一卡通互联互通，并已累计命名33个国家公交都市建设示范城市。为满足游客的多元化出行需求，全国有102个城市开通95128电话叫车服务，网约车"一键叫车"功能为老年乘客提供打车服务。

综上所述，在新冠疫情背景下，我国城市内部居民出游恢复速度快，国内旅游呈现出本地化、短途化的特点。在城市内部的多元化客运方式中，轨道交通恢复速度最快，已成为我国居民市内旅游休闲的重要交通工具。伴随着"一卡通互联互通"、国家公交都市建设示范城市创建、"一键叫车"功能推广等政策推进，我国居民在城市内部的出游服务品质将持续提升。

二、国内旅游客流空间特征

（一）省内旅游客流占国内旅游客流八成

根据中国旅游研究院调查，2022年上半年国内旅游客流呈现出显著的本地化、近程化特征。近程的省内旅游客流占到了全部国内旅游客流的81.24%，而远程的省际旅游客流仅占18.76%（见图5-1）。

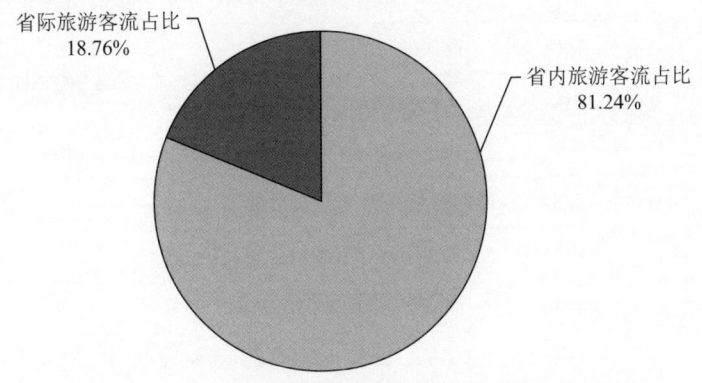

图5-1　2022年上半年省内和省际旅游客流所占比重

（二）远程国内旅游流量呈现出随距离增加而减少的特征

2022年上半年，客流量排序前100的重要省际旅游客流占到全国总计930条省际旅游客流的56.09%。

东部地区是最重要的远程国内旅游客源地和目的地，中部和西部地区在远程国内旅游方面与东部地区还有较大差距，东北地区的远程国内客流则较少（见表5-1）。在全国100条重要省际旅游客流中，以东部、中部、西部和东北地区的省（自治区、直辖市）为客源地的客流分别有39条、30条、24条和7条，以东部、中部、西部和东北地区的省（自治区、直辖市）为目的地的客流分别有43条、30条、23条和4条。

表 5-1　2022 年上半年重要省际旅游客流流向

地　区	客源地	目的地
东部地区	北京	河北
	天津	河北
	河北	北京、山东、天津、山西、河南、内蒙古
	上海	江苏、浙江、安徽
	江苏	安徽、浙江、山东、上海、河南
	浙江	安徽、江苏、江西、贵州、湖南、湖北、上海、河南、福建
	福建	广东、江西
	山东	江苏、河北、河南、安徽、浙江
	广东	广西、湖南、江西、湖北、四川、福建、贵州
	海南	
中部地区	山西	陕西、河北、河南
	安徽	江苏、浙江、河南、上海
	江西	广东、浙江、湖南、福建、湖北
	河南	安徽、湖北、江苏、山东、浙江、广东、河北、陕西、北京、湖南、山西
	湖北	湖南、广东、河南、江西、浙江
	湖南	广东、湖北
西部地区	内蒙古	河北、辽宁
	广西	广东、湖南
	重庆	四川、贵州
	四川	重庆、云南、广东、贵州、陕西
	贵州	浙江、广东、四川、云南、湖南、重庆、广西
	云南	四川、贵州、广东
	西藏	
	陕西	甘肃、四川
	甘肃	陕西
	青海	

续表

地　区	客源地	目的地
西部地区	宁夏	
	新疆	
东北地区	辽宁	河北、吉林、内蒙古、山东
	吉林	辽宁
	黑龙江	辽宁、吉林

资料来源：中国旅游研究院。

远程国内旅游表现出相邻省份间互为客源地和目的地的特征。在全国100条重要省际旅游客流中，有81条客流为相邻省份之间的旅游流动，仅有19条客流为非相邻省份之间的旅游流动。

2022年上半年，全国客流量前10位的省际旅游客流按照流量从大到小排序分别为安徽→江苏、广东→广西、四川→重庆、江苏→安徽、广东→湖南、广西→广东、河北→北京、山东→江苏、重庆→四川、北京→河北。

三、国内旅游客流发展趋势

（一）国内旅游出行需求持续增加，出行结构进一步优化

2021年2月，中共中央、国务院印发了《国家综合立体交通网规划纲要》（以下简称《规划纲要》），并对我国未来中长期的居民出行需求进行了预测。据预测，我国旅游出行需求将保持稳步增长的趋势，特别是高品质、多样化、个性化的出行需求不断增强，旅客出行结构进一步优化。

《规划纲要》预测，2021至2035年间，我国旅客出行量（含小汽车出行量）年均增速为3.2%左右。其中，高铁、民航、小汽车的出行占比将不断提升，而公路客运占比将继续保持下降趋势。国际旅客出行以及城市群旅客出行需求将更加旺盛。从空间分布来看，东部地区仍将是我国出行需求最为集中的区域，中西部地区出行需求增速加快。

（二）全国一体旅游客源地和目的地加速形成

《规划纲要》预测到2035年，我国将基本建成便捷顺畅、经济高效、绿色

集约、智能先进、安全可靠的现代化高质量国家综合立体交通网，实现国际国内互联互通、全国主要城市立体畅达、县级节点有效覆盖。

预计到2035年，我国将基本实现全国县级行政中心15分钟上国道、30分钟上高速公路、60分钟上铁路，市地级行政中心45分钟上高速铁路、60分钟到机场。基本实现地级市之间当天可达。中心城区至综合客运枢纽半小时可达，中心城区综合客运枢纽之间公共交通转换时间不超过1小时。旅客出行全链条便捷程度显著提高，基本实现"全国123出行交通圈"，也就是都市区1小时通勤、城市群2小时通达、全国主要城市3小时覆盖，全国享受1小时内快速交通服务的人口占比将达到80%以上。

在我国综合立体交通网的建设过程中，旅游客源地的出游便捷度和旅游目的地的可进入性将进一步提升，众多传统受交通制约的客源市场和目的地将纳入全国性循环，全国一体的旅游客源地和旅游目的地市场将加速形成。

（三）国家综合立体交通网构建旅游客流骨架

到2035年，我国的国家综合立体交通网主骨架将搭建完毕，它是我国区域间、城市群间、省际以及连通国际运输的主动脉，也将是我国交通效率最高、旅行速度最快、运输强度最大的旅游骨干网络。

我国将以京津冀、长三角、粤港澳大湾区和成渝地区双城经济圈4个地区作为极，长江中游、山东半岛、海峡西岸、中原地区、哈长、辽中南、北部湾和关中平原8个地区作为组群，呼包鄂榆、黔中、滇中、山西中部、天山北坡、兰西、宁夏沿黄、拉萨和喀什9个地区作为组团。按照极、组群、组团之间交通联系强度，打造由主轴、走廊、通道组成的国家综合立体交通网主骨架。

我国的国家综合立体交通网主骨架实体线网里程29万公里左右，其中，国家高速铁路5.6万公里、普速铁路7.1万公里、国家高速公路6.1万公里、普通国道7.2万公里，国家高等级航道2.5万公里。最终建成6条主轴、7条走廊、8条通道。

国家综合立体交通网主骨架将把我国的主要都市圈、城市群和城市化地区紧密联系在一起，全国旅游客源地和目的地之间的旅游流将通过骨干网络快速流动，全国旅游业发展的区域差异将逐步弱化。

（四）多层次国家旅游交通枢纽快速崛起

到2035年，我国将建设综合交通枢纽集群、枢纽城市及枢纽港站"三位一体"的国家综合交通枢纽系统。建成面向世界的京津冀、长三角、粤港澳大湾区、成渝地区双城经济圈四大国际性综合交通枢纽集群，建成 20 个左右的国际性综合交通枢纽城市以及 80 个左右的全国性综合交通枢纽城市，建成一批国际性枢纽港站、全国性枢纽港站。

在国家综合交通枢纽逐步建成的同时，通过综合交通枢纽和旅游集散中心的统一规划、统一设计、统一建设、协同管理，我国旅游城市的交通通达度和旅游便捷性将快速提升，综合交通枢纽的旅游服务功能将快速完善。我国将诞生一批世界级旅游目的地、世界级旅游城市、国际性和全国性旅游交通枢纽。

（五）区域旅游目的地内部一体化协同发展

我国将推进城市群内部交通运输一体化发展。通过构建便捷高效的城际交通网，加快城市群轨道交通网络化，完善城市群快速公路网络，加强城市交界地区道路和轨道顺畅连通，到 2035 年基本实现城市群内部 2 小时交通圈。

我国将推进都市圈交通运输一体化发展。通过建设中心城区连接卫星城、新城的大容量、快速化轨道交通网络，推进公交化运营，加强道路交通衔接，到 2035 年打造 1 小时"门到门"通勤圈。特别是京津冀、长三角、粤港澳大湾区、成渝地区等重点都市圈，将建成具有全球影响力的交通枢纽集群。

随着区域内部的交通运输一体化发展，城市群、都市圈内部将打破行政区划束缚，对外形成高度一体化的旅游客源市场和目的地，对内形成整合互补的本地居民旅游休闲空间。

（六）交通和旅游产业深度融合发展

未来 15 年，我国将进一步深入推进交通与旅游融合发展，主要体现在以下三大方面：

首先，交通网络与旅游线路融合发展。通过发挥交通促进全域旅游发展的基础性作用，加快国家旅游风景道、旅游交通体系等规划建设，打造具有广泛影响力的自然风景线。

其次，交通设施与旅游设施融合发展。强化交通网"快进慢游"功能，加强交通干线与重要旅游景区衔接。完善公路沿线、服务区、客运枢纽、邮轮游轮游艇码头等旅游服务设施功能，支持红色旅游、乡村旅游、度假休闲旅游、自驾游等相关交通基础设施建设，推进通用航空与旅游融合发展。

最后，交通服务与旅游服务融合发展。健全重点旅游景区交通集散体系，鼓励发展定制化旅游运输服务，丰富邮轮旅游服务，形成交通带动旅游、旅游促进交通发展的良性互动格局。

通过交通运输和旅游产业的深度融合发展，我国将进一步推进全域旅游发展，形成遍布全国的旅游风景道体系。游客在旅游过程中的便捷度和满意度将进一步提升。

四、交通和旅游融合发展政策与典型案例

（一）积极培育交通文化旅游新业态

福建省政府办公厅印发的《福建省"十四五"现代综合交通运输体系专项规划》（以下简称《规划》）提出，要积极培育交通文化旅游新业态。《规划》提出，完善交通和文化旅游融合发展顶层设计，推进相关政策、标准、管理制度等研究。结合打造蓝色海丝带、绿色生态带、红色旅游带，健全交通设施旅游服务功能，高质量建设沿海岸线滨海风景道和沿山、沿河生态交通廊道，促进"吃、住、游、购、行"全产业链开发。创新交通和旅游融合产品体系，建设精品旅游公路、旅游航道等交旅融合产品。推进高速公路服务区提升示范，依托有条件的高速公路服务区和出入口实施服务功能特色化、多样化提升改造，推动高速公路服务区与旅游休闲驿站、自驾游基地等融合发展。支持邮轮旅游和低空旅游及相关新业态发展。支持汽车租赁异地租车还车信息服务平台建设，推动交旅融合产品融入全省旅游联盟在线网络交易平台，全面打响"清新福建""全福游、有全福"旅游交通品牌。

（二）依托交旅融合服务提升游客满意度

2021年，新疆交通运输部门努力提升公路服务能力，在加大道路沿途通行质量和服务提升、拓展服务区旅游功能、推进服务区"厕所革命"、加强旅游客源监管等方面，推进"交通＋旅游"融合发展。据介绍，为推动"交通＋旅游"融合发展，新疆交通运输部门积极实施G7巴里坤—木垒等14个精品旅游风景道、自驾游线路车辆通行质量和服务提升行动，推进6条乡村旅游公路项目建设；积极拓展服务区旅游服务功能，在赛里木湖、那拉提等服务区增设旅游服务设施，在盐湖、三坪、大黄山3个服务区建设"司机之家"，加快阜康服务区、三坪服务区2个主题特色服务区建设，加快16处绿色出行"续航工程"建设。严格落实重大节假日小型客车免费通行政策，加强旅游客运监管，做好节假日、旅游旺季等重点时段和旅游集散中心、旅游景区等重点区域旅游客运监督管理。新疆交通运输部门通过推出相配套的服务设施、提供温馨的服务环境、

优化游客沿途体验,助力新疆交通运输和旅游业快速发展。

(三)实现交通和旅游设施共建共享

安徽六安市积极构建"三张网",推进交通和旅游融合发展。安徽六安市积极创新工作举措,着力提高工作实效,不断加大交旅融合发展力度,通过构建"三张网",强力加快交旅融合发展步伐。构建"快进网"。推进北沿江高铁(合肥至武汉段)、六安至安庆铁路、合新六城际铁路、宣商高速公路六安段、天堂寨至陡沙河扶贫绿色公路等项目建设,加快推进金寨支线机场、金安通用机场前期工作建设,提高旅游通达性和便捷性。构建"慢游网"。实施大别山旅游风景道、环万佛湖旅游公路、山湖大道等项目旅游功能提升工程,因地制宜建设自行车道、景区绿道、露营基地、自驾车和房车营地、公路服务区、观景平台、康养度假区等"慢游"设施,打造集"吃住行游购娱"于一身的特色公路。构建"接驳网"。推进交通枢纽"运游一体化"和直达公交建设,开通一批连接3A级以上景区的旅游专线和旅游直通车,鼓励景区发展共享汽车、共享单车,推动实现一地租车、异地还车,打通景区内部串联"最后一公里"。

第六章
国内节假日旅游特征

一、国内节假日旅游发展特征

（一）全年节假日旅游市场呈稳开、低走、缓升态势

2022年开局，受政府的疫情纾困政策和春节假日旅游消费活跃的影响，国内旅游市场较2021年底有所回暖。2022年春节后，全国多地疫情暴发，特别是北京、上海等主要客源地疫情防控收紧并延续数月，导致主要节假日和2022年上半年国内旅游经济恢复情况远低于预期。

随着疫情相对好转，全国各地区自2022年6月开始陆续恢复跨省旅游业务，其中精准到县的跨省游熔断机制带来政策利好，2022年暑期前半段跨省长线游复苏明显，特别是都市休闲、周边游和近程游市场热度明显上升。2022年7月底以后，西安、三亚等国内主要旅游目的地和大多数省份出现疫情反复，暑期后半程受到了疫情的严重拖累，重新回到了底部。在疫情背景下，本地游、周边游仍是广大城乡居民出游的首选。2022年国庆假日期间，选择跨省游和省内跨市游的游客比例分别比2021年下降了14.4和9.5个百分点。

根据中国旅游研究院的测算，2022年元旦期间，全国国内出游0.52亿人次，比2021年减少5.3%；实现国内旅游收入255.09亿元，比2021年减少6.6%。

2022年春节假期7天，全国国内旅游出游2.51亿人次，比2021年减少2.0%，按可比口径恢复至2019年春节假日同期的73.9%；实现国内旅游收入2891.98亿元，比2021年减少3.9%，恢复至2019年春节假日同期的56.3%。

2022年清明假期3天，全国国内旅游出游7541.9万人次，比2021年减少26.2%，按可比口径恢复至2019年的68.0%；实现国内旅游收入187.8亿元，比2021年减少30.9%，恢复至2019年的39.2%。

2022年"五一"劳动节假期5天，全国国内旅游出游1.6亿人次，比2021年减少30.2%，按可比口径恢复至2019年的66.8%；实现国内旅游收入646.8亿元，比2021年减少42.9%，恢复至2019年的44.0%。

2022年端午节假期，全国国内旅游出游7961.0万人次，比2021年下降

10.7%，按可比口径恢复至 2019 年的 86.8%；实现国内旅游收入 258.2 亿元，比 2021 年下降 12.2%，恢复至 2019 年的 65.6%。

2022 年中秋节假期，全国国内旅游出游 7340.9 万人次，比 2021 年下降 16.7%，按可比口径恢复至 2019 年的 72.6%；实现国内旅游收入 286.8 亿元，比 2021 年下降 22.8%，恢复至 2019 年的 60.6%。

2022 年国庆节假期 7 天，全国国内旅游出游 4.22 亿人次，比 2021 年减少 18.2%，按可比口径恢复至 2019 年的 60.7%；实现国内旅游收入 2872.1 亿元，比 2021 年减少 26.2%，恢复至 2019 年的 44.2%（见图 6-1）。

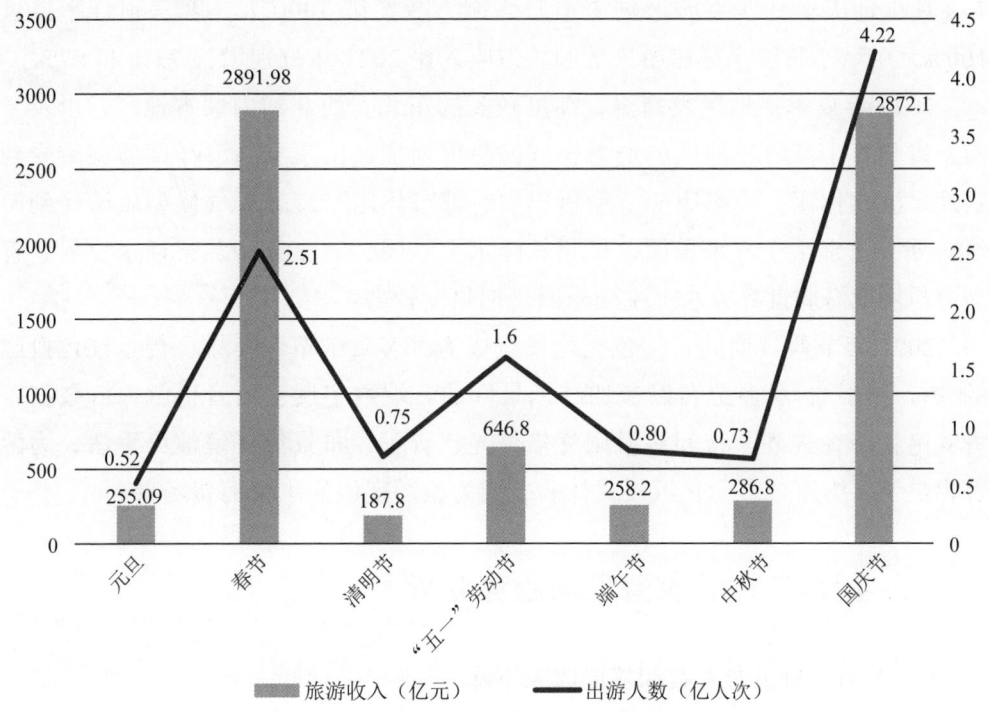

图 6-1　2022 年节假日出游人数和旅游收入

（二）本地休闲、周边出游是节假日旅游的主要特征

受多点散发、局部地区规模暴发的疫情影响，我国节假日中远程出游的市场大幅收缩，以近程出游、本地休闲为主要特征。消费者决策周期和出游半径缩短，以短时间、近距离、高频次为特点的"轻旅游""微度假""宅酒店"受到游客青睐。此外，人流相对稀疏的郊外公园、河道、露营地也受到游客欢迎；

免费开放的郊野公园、森林公园、文化公园成为旅游休闲新空间,吸引市民游客到访,成为假日旅游的亮点。踏青、赏花、野餐、垂钓、登山、骑行等生态旅游与户外运动成为假日旅游的主流项目,自驾车、公共交通(地铁、出租车、网约车、共享单车)等成为人们的出行首选。

(三)生态旅游、亲子旅游、康养旅游、冰雪旅游等旅游新产品受到青睐

2022年冬奥会带动京张体育文化旅游带发展,滑雪、露营、登山、自驾、徒步、骑马、跳伞、滑草、漂流等旅游产品成为人们亲近大自然的新兴玩法。特别是"最美冬奥城"延庆以"冬奥+"推动旅游高质量绿色发展。2022年7~8月,延庆奥林匹克园区周末单日入园人数突破3000人,客房预订率接近100%,中秋小长假全区旅游人数和旅游收入比2021年分别增长73%和87%。

2022年夏季多地爆发高温,纬度较高的东北、西北和内蒙古地区,以及云南、贵州等中高海拔地区的避暑长线游热度增加,山东半岛海洋度假旅游受到欢迎。滨水休闲、生态康养、乡村田园、都市休闲、避暑等气候型旅游受到游客喜爱,北京水立方水乐园、广州长隆水上乐园、三亚亚特兰蒂斯水世界、青岛海昌极地海底世界等水上主题乐园暑期热度较高。

2022年节假日期间,红色文化景点成为游客致敬革命英雄、传承红色血脉的"打卡地"。众多游客以参加红色景区的云端数字展、语音讲解、云祭扫等方式追忆革命先烈。夜间旅游则凭借灯光、音乐、布景等环境渲染手法,为游客提供了多维度、多元化沉浸式体验,成为旅游度假的主要消费场景。

二、国内节假日旅游发展趋势分析

(一)节假日出游人数和旅游收入下降

2022年节假日期间,全国各地严格落实常态化防疫要求,提倡非必要不返乡、非预约不出游,多地取消了大型群众性活动并及时发布节假日出游提示,引导游客理性、安全、文明出游,从而保障了节假日市场运行的平稳有序。

2022年的元旦、春节、清明、"五一"劳动节、端午、中秋、国庆节假日,全国旅游出游人数分别比2021年下降了5.3%、2%、26.2%、30.2%、10.7%、16.7%和18.2%,国内旅游总收入分别比2021年减少了6.6%、3.9%、30.9%、42.9%、12.2%、22.8%和26.2%。

2021—2022年节假日旅游人数和旅游收入见图6-2。

第六章　国内节假日旅游特征
Chapter 6　Characteristics of Domestic Holiday Tourism

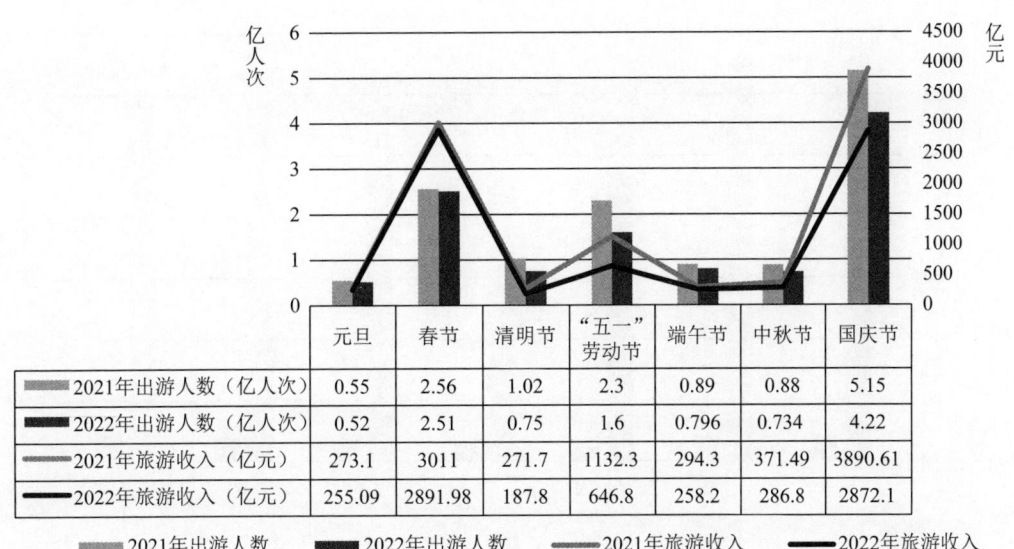

图 6-2　2021—2022 年节假日旅游人数和旅游收入

（二）本地游、周边游、自驾游是主流方式

疫情以来，游客的出游距离和目的地游憩半径明显收缩。近距离的出行、高频次的休闲、多场景的消费，成为疫情以来节假日旅游市场的显著特征。中国旅游研究院（文化和旅游部数据中心）专项调查显示：2022年元旦、春节、清明、"五一"劳动节、端午、中秋、国庆的平均出游半径分别为110.3、131.8、95.0、99.6、107.9、117.4、118.7公里，目的地游憩半径分别为8.7、8.3、4.9、6.0、7.3、7.8、9.6公里（见图6-3）。而疫情前的2019年，游客出游半径和目的地游憩半径分别为270公里和15公里。在出行距离缩短的同时，休闲的频次明显提升，消费场景趋于多元。

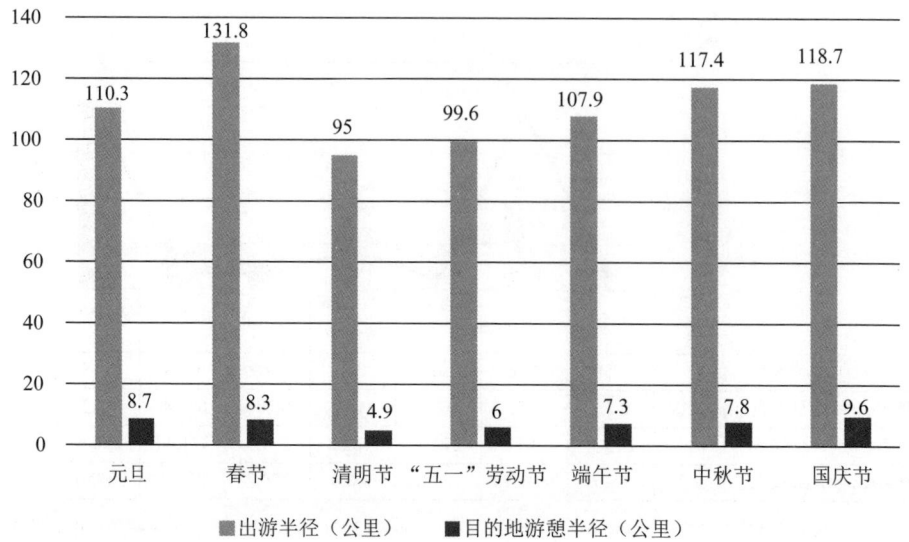

图 6-3　2022 年节假日出游及目的地游憩半径

2022年节假日期间，探亲访友、户外休闲、近郊旅游、乡村旅游等是游客出行的主题。从游客出行方式来看，安全性高、私密性强的自驾游仍为节假日游客出行的主要选择。

（三）加大优质文旅产品供给，满足游客节假日需求

各地政府在疫情防控和安全保障的前提下，大力创新节假日文旅产品供给，提供优质的文化和旅游产品，丰富市民和游客的体验，满足群众出游需求。

随着智慧旅游的兴起，数字化产品和沉浸式服务成为节假日旅游新亮点。根据中国旅游研究院的专项调查，2022年劳动节假日期间，游客体验科技旅游、太空旅游、虚拟旅游的比例分别达到27.0%、16.5%、12.6%。总的来说，数字化文旅产品的表现形式还相对单一，其沉浸式体验和文化内涵还有待进一步提升。

三、国内节假日旅游发展政策和典型案例

（一）"线上+线下"文化和旅游融合发展

2022年5月，中共中央办公厅、国务院办公厅联合印发《关于推进实施国家文化数字化战略的意见》（以下简称《意见》），意味着包括旅游消费在内的

文化数字化已成为国家战略。有需求、有场景，包括文化数字化在内的一系列战略和政策将会进一步加快文化产业数字化布局，推动文化资源的创造性、创新性发展，加速文化旅游和文化消费领域的投资。

各地积极通过数字化赋能文旅、升级产品、激活市场。山东济宁通过"文化云"等载体开展了济宁市新时代文明实践文旅惠民服务"云展演"活动。河南焦作云台山景区推出了抖音短视频创作大赛、"竹林七贤"国风特色演艺等多彩文旅活动，让游客体验丰富多彩的云台山金秋之旅。广州通过乡村旅游季活动，邀请网红博主、旅游达人、摄影爱好者、媒体代表前往广州乡村深度采风，通过直播的方式展现乡村之美。北京、辽宁、陕西等地不少景区通过抖音、快手等直播平台开启现场直播，通过"边游边解说"的方式带领游客"云游"。山西、广西、甘肃等地充分发挥线上线下融合优势，整合各类线上平台优势资源，积极开展优秀舞台艺术作品展演展示活动。这些线上活动，有效降低了人群聚集，在极大地丰富群众生活的同时，也极大地扩大了文旅惠民的覆盖面。

（二）冬奥效应加速冰雪旅游市场释放

在冬奥会的带动下，以冰雪为主题的本地游、周边游持续升温，城乡居民的冰雪旅游、冰雪休闲、温泉体验在一些地区的热度上升。长白山、张家口等传统冰雪旅游风景区热度走高，各地积极探索将冰雪旅游融入夜间经济，增强夜间休闲对游客的吸引力，丰富冬季旅游休闲生活。其中，冰雪旅游节、冰雕艺术节、冰灯节的参与度最高，滑雪、雪橇、冰球、冰壶等各种冰雪类体育运动也深受游客喜爱。冰雪休闲旅游正从小众市场向大众消费转变。

数据显示，2022年元旦小长假期间，城市周边雪场表现较好。例如，武汉神农架滑雪场三天接待游客超过2万人次；贵州梅花山滑雪场和玉舍滑雪场累计接待游客1.86万人次，比2021年增长21.50%；吉林北大湖滑雪场共接待旅游人数2.6万人次，比2021年增长10%；新疆各滑雪场共接待旅游人数2.72万人次。冰雪运动在满足人民对冰雪体验向往的同时，也促进了当地的旅游消费。

（三）都市夜间旅游成为新亮点

大城市的夜间文化活动和旅游消费明显活跃，杭州西湖、广州珠江、上海黄浦江、南京秦淮河等地的城市夜景观光热度持续走高。张家界九歌山鬼景区、襄阳唐城景区、台州温岭景区、西湖西溪景区等众多景区开启夜游模式，结合民俗活动吸引了大量游客。山东围绕"夜宿""夜游""夜集"推出"秉烛游山东"线上文旅活动。广西北海银滩潮雕灯光秀、海丝首港海上烟花秀等"夜秀"

项目成为市民游客纷纷打卡的网红项目。

2022年国庆节假日期间，第一批120家国家级夜间文化和旅游消费集聚区累计夜间客流量达3995.6万人次，平均每个集聚区每夜客流量为4.76万人次。

（四）短途近郊休闲成为新风尚

受疫情影响，本地游、周边游成为旅游首选。国庆假日期间，前往城郊公园、城市周边乡村、城市公园的游客占比居于前三位，分别达23.8%、22.6%和16.8%。北京、山东、沈阳等地的城市"口袋公园"，以及浙江黄贤森林公园、海南文昌椰林、福建源和1916创意产业园等地举办的后备箱集市，为游客带来颇具烟火气的本地休闲和近程旅游体验。

同时，游客也调整了旅游休闲活动的内容，自驾、亲子、露营、酒店微度假等产品是热门选择，亲子家庭"组团遛娃"仍受更多游客青睐。中国旅游研究院专项调查数据显示，随着户外露营、采摘等旅游休闲热度的上升，43.2%的受访者表示调整了活动内容，从室内聚集活动变为开阔区的野餐、露营等户外休闲活动。

随着乡村旅游产品的日益丰富、设施的不断完善，"吃农家饭、住农家院、赏农家景、购农家物"成为游客的重要选择。河南栾川县新南村、王坪村、三湾村等乡村旅游点备受青睐，林州市临淇占元、五龙石阵、原康石家庄、合涧肖街、姚村下里街等20多个乡村旅游景点人气高涨，日均游客接待量在万人以上。

（五）预约出游成为旅游新常态

2022年春节期间，局部地区出现降雪、低温天气，各地旅游系统积极做好假日市场保障工作，在丰富和优化文旅产品供给的基础上，营造温馨的节日氛围，提升游客舒适度和体验感，积极推动预约旅游成为假日出游新常态。全国300余家景区、博物馆联合多家旅游OTA平台共同搭建预约旅游专区，山西、广东、河南、哈尔滨、山东等多地发布"无预约不出游"出行提示。四川西岭雪山景区、重庆南天湖景区与金佛山景区和桂林象鼻山景区等地实现100%预约入园。各地文化和旅游部门强化线下线上市场监管力度，通过全面排查、专项整治等方式有效维护节假日市场秩序。济南、湖北、浙江等多地文化和旅游部门通过大数据、互联网等手段，对在线旅游经营者信息及上传的文字、图片等全面核查，进一步规范在线旅游经营市场，确保节假日旅游市场平稳有序。